语言学论丛

# 日语实质语功能语研究及日语教学研究

王婉莹 / 著

**图书在版编目(CIP)数据**

日语实质语功能语研究及日语教学研究/王婉莹著. 一北京：北京大学出版社，2016.9

（语言学论丛）

ISBN 978-7-301-27443-9

I. ①日… II. ①王… III.①日语—语言学—研究②日语—教学研究 IV. ①H36

中国版本图书馆CIP数据核字(2016)第199157号

| | |
|---|---|
| 书　　名 | 日语实质语功能语研究及日语教学研究<br>RIYU SHIZHIYU GONGNENGYU YANJIU JI RIYU JIAOXUE YANJIU |
| 著作责任者 | 王婉莹　著 |
| 责任编辑 | 兰　婷 |
| 标准书号 | ISBN 978-7-301-27443-9 |
| 出版发行 | 北京大学出版社 |
| 地　　址 | 北京市海淀区成府路205号 100871 |
| 网　　址 | http://www.pup.cn　　新浪微博:@北京大学出版社 |
| 电子信箱 | zpup@pup.cn |
| 印 刷 者 | 三河市博文印刷有限公司 |
| 电　　话 | 邮购部 62752015　发行部 62750672　编辑部 62759634 |
| 经 销 者 | 新华书店 |
| | 650毫米×980毫米　16开本　19.25印张　300千字 |
| | 2016年9月第1版　2016年9月第1次印刷 |
| 定　　价 | 58.00元 |

# 前　言

1972年中日邦交正常化以来，尤其是改革开放以后，我国日语教育事业飞速发展。日语语言学研究、日语教学研究硕果累累，语法与词汇的研究成果不胜枚举。这在每一年的中国日语语言学研究综述中可略见一斑。

相对于众多的研究，本书关注日语实质语功能语的体系研究和搭配研究，尤其以日语「ところ、もの、こと」、所谓“补助动词”为中心，通过语料库以及大量调查，对其频率、种类、体系进行研究。众所周知，这几部分是日语研究和日语教学研究的重点、难点，这也是本书的侧重部分。本书最后附加的资料篇，反映了这些语法词汇部分较长的前后搭配关系，这在日语学界还不多见,供研究者和学习者参考。除实质语功能语这种语法词汇的综合研究之外，本书还涉及词汇本身的语言学研究、教学研究，以及与日语教学相关的研究等。相信研究方法、研究成果对教学标准、教学大纲的制定、教材的编写等起到一定积极的促进作用。

全书共由4章组成，第1章日语实质语功能语体系研究、第2章日语实质语功能语搭配研究、第3章日语词汇学习研究、第4章日语学习动机、课程设置及教材研究。笔者期待每一部分研究都将对从事日语语言学研究、日语教学研究的学者、学习者起到一定的参考作用。

在写作和出版过程中，笔者得到清华大学人文社科振兴基金研究项目（批准号：2013WKYB005）、清华大学日本研究中心的资助，同时在各种学会、各种场合上得到了各位学者同仁的指导和关怀。在出版过程中得到北京大学出版社编辑兰婷女士的鼎力相助，在此一并表示最诚挚的深深的谢意！

由于笔者才疏学浅，加之时间仓促，书中难免有错误和笔误之处，还望专家学者、学界同仁批评指正、不吝赐教。笔者也将以本书出版为契机，更加刻苦钻研、兢兢业业、勤奋努力，为我国日语语言学研究的发展、为我国日语教学事业尽绵薄之力。

王婉莹

2016年5月16日于清华园

# 目　录

# 绪　论

## 第1节　教学标准研究与研究目的

改革开放以来,我国日语教育已经走过了相当长的历程。在日语教育中,日语专业《教学大纲》是与专业日语教学相关,对中国日语教学,尤其是专业日语教学起到一定影响作用的标准。在研究外语教学标准时,我们还有必要关注中国以外的美国标准(以下简称ACTFL)、欧洲标准(以下简称CEFR)、日本标准(以下简称JF标准)、实践日本语教育标准(以下简称Z标准)。除语言构造能力(实质语功能语、语法词汇)外,研究话题、语言活动中的语言现象,强调语言交际能力、语言交际活动能力的培养,这些都是语言教学的重要研究项目。

绪论通过对近年来的外语教学标准、中国日语专业教学大纲的考察,探讨实质语功能语教育的体系性,提高非母语学习者日语交际活动能力的必要性。在论述中强调:(1)在对标准的考察之上,语言教学中"由下而上"的实质语功能语、语法词汇的体系教育,语料库调查的作用。(2)语言交际活动能力培养中,上下文的关系,"由上而下"的语言交际活动能力教育的必要性。

### 1. ACTFL的指导准则、CEFR标准、JF标准、中国日语教学大纲

#### 1.1 ACTFL标准的指导准则

作为语言教学标准,被公认的ACTFL语言运用能力标准由American Council on the Teaching of Foreign Languages(ACTFL)开发,ACTFL是美国全国性组织,致力于改善和扩大各级语言教学和

学习所有语言。制定于20世纪80年代,参照2012年的网络方针版,其大致把学习者分为11级:卓越级、超级、高级上、高级中、高级下、中级上、中级中、中级下、初级上、初级中、初级下。从听、说、读、写4个侧面进行规定,技能的上一级分别包含其下一级技能。听力、读解属于理解解释的技能,听力、读解指导准则描述听者或读者从听到或读到的东西中理解到什么。在高级水平中后来分别添加了"上、中、下"3个级别。会话、写作指导准则按照级别规定了各水平段能够涉及的任务话题,各种话题的内容、上下文关系、准确度、会话写作种类等。

1.2 CEFR标准

《欧洲语言学习、教学、评估共同参考框架》(*Common European Framework of Reference for Languages: Learning, teaching, assessment*),简称CEFR标准,2001年发表,是欧洲语言教学共同的框架。CEFR标准框架Can-do一览由各级别(レベル)、各范畴(カテゴリー)两部分组成。6大级别12小级别由高到低分别为:C2/C1/B2—B2.2—B2.1/B1—B1.2—B1.1/A2—A2.2—A2.1/A1。CEFR的活动Can-do可以从条件、话题/场面、对象、行动4个方面即4个要素指示级别特征。通过各级别的描述可以得出语言能力的熟练程度。CEFR标准首次把语言能力标准定为6级,同时,它的各级别和各范畴等框架也成为其他语言标准的重要参考。

**表1:CEFR标准部分内容**

| 各级别,各范畴 | | | | |
|---|---|---|---|---|
| 493种类 | 319活动 | 46方略 | 15文段 | 113能力 |
| 语言活动 | 接受,产出,交流 | 接受,产出,交流 | —— | 语言构造能力,社会语言能力,语用能力 |
| 范畴 | 听读,说写,互动 | 听读,说写,互动 | 写 | 词汇,语法,语音,书写,正确度,话题展开,一致性,完整性,流畅性等 |
| 级别 | 全级别<br>部分级别 | 全级别<br>部分级别 | 全级别<br>部分级别 | 全级别<br>部分级别 |

## 1.3 JF标准

『JF日本語教育スタンダード2010』,简称JF标准,是日本国际交流基金在充分参考CEFR标准框架基础之上形成的。语言交际能力(コミュニケーション言語能力,communicative language competences)和语言交际活动(コミュニケーション言語活動,communicative language activities)的观点和构成、Can-do均参照了CEFR。强调语言交际的重要性、使用语言完成课题的能力、异文化理解能力的必要性。指出日语熟练度级别。提议记录并保存学习过程,以便使用共同标准衡量学习与教学情况。JF标准由3部分内容组成:JF标准树、Can-do(课题完成能力)、学习档案。

### 1.3.1 JF标准树

JF标准使用一棵树形象地展示出了语言交际能力与语言交际活动的关系。树根为语言交际能力,包括:语言构造能力,社会语言能力,语用能力。树枝为语言交际活动中的"接受(受容)、产出(産出)、交流(やりとり)";连接各种活动的"方略(方略)";起连接作用的"文段(テクスト)"。JF标准树梳理了语言能力与语言活动的关系。在语言交际过程中,作为基础的语言能力是不可或缺的,运用语言能力方可进行各种各样的语言活动。除此之外,为了完成语言交际,学习者的文化知识、专业知识和学习能力亦不可或缺。

### 1.3.2 课题(Can-do)

Can-do由低向高分为6个大级别9个小级别:A1/A2.1—A2.2/B1.1—B1.2/B2.1—B2.2/C1/C2。A1/A2为基础阶段的语言使用者(基礎段階の言語使用者),B1/B2为独立的语言使用者(自立した言語使用者),C1/C2为熟练的语言使用者(熟達した言語使用者)。Can-do可活用于课堂设计、教材开发、试题等。在Can-do互联网网站,可以根据学习计划检索Can-do,自由编辑;也可根据需要制作新的Can-do。

Can-do由活动(活動)Can-do、能力(能力)Can-do、方略(方略)Can-do、文段(テクスト)Can-do组成。语言交际活动在接受、产出、

交流,听读、说写、互动中,把各种活动细分为40个项目。语言交际能力由包含词汇-语法-音声-表记等的“语言构造能力”、恰当的“社会语言能力”、表述能力-功能作用等“语用能力”的13个项目组成。Can-do的特征在于课题完成是以表示行动或活动的「~することができる」的句子形式表述。JF Can-do共有自分と家族、住まいと住環境、自由時間と娯楽、生活と人生、仕事と職業、旅行と交通、健康、買い物、食生活、自然と環境、人との関係、学校と教育、言語と文化、社会、科学技術15个话题。通过使用Can-do,可以客观地把握日语熟练程度,明确今后的学习目标,还可以与其他学习者或其他机构共享学习目标及熟练程度。

**表2:JF标准部分内容**

| 各级别,各范畴 | |
|---|---|
| 种类 | 342活动 |
| 级别 | 部分级别(由高到低):B2/B1/A2/A1 |
| 语言活动 | 接受,产出,交流 |
| 范畴 | 听读,说写,互动 |
| 话题 | 15话题 |

#### 1.3.3 学习档案

学习者通过使用学习档案(ポートフォリオ),能够关注到学习进度,记录和保存学习过程。学习档案由评价表(評価表)、语言文化体验记录(言語的・文化的体験の記録)、学习成果(学習の成果)3部分组成。教师和学习者可根据需要和教学目的,把3部分结合起来,自己制作学习档案进行评价。

可能存在客观原因,以上几种标准均只有语言活动方面的指导,而无语言构造能力的具体指导准则。

### 1.4 中国教学大纲

教育部高等学校外语专业教学指导委员会日语组(2001)《高等院校日语专业基础阶段教学大纲》(以下简称:基础大纲)、同上(2000)《高等院校日语专业高年级阶段教学大纲》(以下简称:高年级大纲)是中国日语专业教学的重要标准。

基础大纲特点:一是在教学目的中明确提出了"培养社会文化理解能力",二是更具有"科学性、规范性、应用性"。由教学对象(日语专业本专科1—2年级学生)、教学目的、教学安排及教学时数、教学内容(语音、文字与词汇、语法、句型、功能意念、社会文化)、各年级各教学内容的教学要求、教学原则(语言基本功训练、理解与表达、听说与读写、语言基础与交际能力、对象语与母语)、教学中的一些问题(教材、教师与学生、利用现代化教学手段、课外活动)、测试8项大内容组成。同时加入语音、文字、词汇、语法、基础句型、功能意念的6个附表。

高年级大纲特点:高年级大纲由总纲(大纲宗旨、适用范围、指导思想、教学安排与教学内容)、课程(日语综合技能课、日语语言学课、日本文学课、日本社会文化课)的目标和要求、毕业论文-毕业实习的目标和要求、测试与评估(评估项目有听、说、阅读、写作、翻译的要求、手段和评分标准)、词汇表、高年级阶段常见语法功能词、世界国名首都一览表的两个附录组成。

无论是基础大纲还是高年级大纲,涉及范围广泛,内容丰富,符合21世纪初我国日语专业发展现状,在当时的历史条件下为专业日语教学起到了积极的推动和促进作用,值得首肯。在新形势下,顺应全球化形势下的对日交流的目标理念可进一步更新,评价可进一步添加。笔者认为,语言能力是基础,语言知识的传授仍旧十分重要,不容忽视。实质语功能语、语法词汇细节如何进一步体系化,尚需进一步地思考和研究。除此之外,完成任务课题的能力,语言交际活动能力的确有待加强,这是毋庸置疑的,同时也是与日本语能力考试接轨的。

### 2. JF标准与新教材

来嶋・柴原・八田(2012)介绍了依据JF标准于2011年5月编写的『まるごと—日本のことばと文化—入門A1』教材试用版框架、结构和内容。为了与JF标准保持一致,采纳了级别设定、

Can-do学习目标、话题、异文化理解学习、学习档案。2013年10月，该书2册（活动篇、理解篇）由日本三修社正式出版发行。即：语言交际活动为中心的《活动篇（活動編）》、语言交际能力（词汇、语法等）为中心的《理解篇（理解編）》均为主教材，根据学习者的学习需求，可单独使用；由于话题构成相同，也可相互补充使用。需要关注的是新教材开发的4个前提：文化相互理解的日语能力、面向一般成年人、不同学习目的的课程设置、依据JF标准。教材从5个方面具体体现了JF标准。即：(1)语言熟练度的级别设定；(2)确立课题完成中的学习目标；(3)促进异文化理解的学习；(4)学习档案；(5)话题。

尤其值得一提的是：语言熟练度的级别设定笔者认为可以参考。

表3：（　）内は仮

<table>
<tr><td>JFスタンダードのレベル</td><td>新教科書のレベル呼称</td><td></td></tr>
<tr><td>A1</td><td>入門</td><td rowspan="5">基礎的段階<br>● あいさつ、定型表現<br>● 日常生活のやりとり</td></tr>
<tr><td rowspan="3">A2</td><td>初級1</td></tr>
<tr><td>初級2</td></tr>
<tr><td>（初中級）</td></tr>
<tr><td>B1</td><td>（中級）</td><td rowspan="2">自立段階</td></tr>
<tr><td>B2</td><td>（中上級）</td></tr>
<tr><td>C1</td><td>（上級）</td><td rowspan="2">熟達段階</td></tr>
<tr><td>C2</td><td>（上級）</td></tr>
</table>

参照：来嶋・柴原・八田（2012：106）

关于促进异文化理解的学习。来嶋・柴原・八田（2012：107）指出："JFスタンダードでは、相互理解のためには日本語力だけではなく、異文化理解の能力も必要としている。Can-doは課題遂行能力の例示のためのツールとして使われているので、異文化理解のための例示は特にないが、異文化理解能力が相互理解のために必須であることは明白に宣言されている。"这表明，异文化理解能力无法举例，但它是在相互理解中不可或缺的。

### 3. 实践日本语教育标准(実践日本語教育スタンダード)与交际活动能力

山内(2012:125)指出:"語には「机」「見る」などの実質語と「を」「に」などの機能語があると言われているが,語彙(語の集まり)を考える際に問題になるのは実質語である。したがって,語彙を考察の対象にするというのは,機能語ではなく実質語に焦点を当てるということにもなる。"同时,山内(2012)限定"表现"中"说"的技能,对词汇,尤其是实质语进行了考察。

Z标准的目的是:在"语言活动(言語活動)"和"语言素材(言語素材)"两点上为日语教学提供有用的信息,尤其是针对在日本的日语学习者。可以理解为,语言活动关系到学习者的生活,语言素材(词汇·语法)关系到日语体系,二者不可或缺。相对于CEFR标准、JF标准只有关于"语言活动"的记述,山内·桥本等(2013)Z标准增加了"语言素材",更加具体化,这是非常值得肯定的。其所谓"实践"也是与"学习、教育、评价"相关的。

山内·桥本等(2013)由4章组成,Z标准中与总单词数相比,涉及的实质语不同单词数为9306个。

第1章:语言活动·语言素材和话题(言語活動・言語素材と話題)由"话题"分类,收录语言活动例1500个,收录实质语8110个。分类为100个话题,另外又设定了ABC三个水平段。

第2章:不从属于话题的实质语(話題に従属しない実質語)。在第2章中,把不从属于"话题"的实质语,由"时间关系(時間関係)""因果关系(因果関係)""量(量)"概念进行分类。第2章中收录的实质语数1760个。

第3章:个人(场所)的语言活动及难易度(私的領域(場所)の言語活動と難易度)。第3章由"场所"进行了分类,共收录场所数698个。

第4章:大学中的语言活动(大学という場所における言語活動)。第4章为在大学的语言活动一览表,语言活动数为500个。

关于语言技能,山内·桥本等(2013:3)指出:第1、3、4章的"语

言活动”仅限于“说”的技能。关于“语言素材”则是:“要は、山頂は話技能だが、中腹は「産出(話す+書く)」に関わり、裾野は四技能全体に広がっているというような全体像を想定して、スタンダードを作成したということである。”

山内·桥本等的不同话题的语言活动,以及大学中的语言活动,对我们的基础教学都是一个很好的补充。但是,由于是针对在日本的日语学习者的标准,有必要取舍地去筛选使用。

## 4. 启示

### 4.1 利用语料库进行调查研究

语料库语言学研究起源于20世纪后期的英语研究。语料库是有计划收集的用于语言研究的电子版语言数据库,一般以计算机可读为前提。根据使用用途,语料库可分为“通用语料库(汎用コーパス)”“特殊目的语料库(特殊目的コーパス)”“语料库(通時コーパス)”“动态语料库(モニターコーパス)”“双语平行语料库(パラレルコーパス)”等,使用方便。其特征为:会记载种类、文体、著者、语言特色等信息,使用者在定量地描述语言事实的基础之上,可以实证地解释语言事实和现象,相对客观。但是,由于语料库会有一定的局限性,例如:我们可以查到有这种说法,而不能查到没有这样的说法或不能这样说的语言现象。同时,语料库中的语料有无偏颇,其可信度如何还有待考证。由于语料库还存在这样那样的问题,因此,无论是语言学研究还是日语教学研究,应尽量使用权威机构组织制作,可信度相对较高的语料库用于研究,例如:本书将使用的日本国立国语研究所(2011)『現代日本語書き言葉均衡コーパス』。

1972年中日邦交正常化以来,尤其是改革开放后,我国日语教育事业飞速发展。40多年来,我国日语教育界培养出了无数日语方面的英才,他们活跃在各条战线为中日交流做着贡献。因此,无论是教材、教法,其成就不容忽视,值得肯定和研究。我国中日对译语料库、教科书语料库、误用语料库等,既有利于中日语言对比研究、中国人学习者偏误研究,同时又利于教材研究。我们还可结合日本现有的权威语料库,尽可能客观地总结经验,展望未来。日本国内的研究成果可以借鉴,但是很多是针对在日各国日语学习者的成果。同时,与国内学习者相比,学习者所处的学习环境亦不相同。因此,不可一味地"拿来主义"。

4.2 语言交际活动能力的培养

广义上讲,"语言交际能力"包含"语言交际活动能力"。所谓语言交际能力,迄今为止定义并不明确。但是从语言教学角度,大致包含3个方面,JF标准中出现的"语言交际能力(コミュニケーション言語能力)"包括:"言語構造的能力(语言构造能力)""社会言語能力(社会语言能力)""語用能力(语用能力)"。语言交际能力不仅包括传达的内容,还有采取何种表现形式、如何交谈等传达方式。众所周知,日语中多有间接表现和委婉表现,以避免冲突维持良好的人际关系。在全球化的今天,异文化交际能力愈发引人注目,在异文化交往中,更多的互动问题凸显出来,语言教学更加重要。目前存在的观点有:与自身的文化相比,否定评价他国文化。对他国文化理想化,否定看待自身文化。所有的文化都具有相同价值的所谓"文化相对主义(文化相対主義)"。存在于不同文化中的共同特征,所谓"普遍主义(普遍主義)"等。语言交际能力学本身因为可从多个角度研究,是跨学科的应用研究领域,因此,其价值在于解决现实问题的实践性和应对时代变迁的灵活性中。

学语言的目的在于提高交际能力和交际活动能力,这是毋庸置疑的。客观对待"从下而上"的实质语功能语教育,以及"从上而下"的交际活动能力的培养。至于高年级人才培养目前可否考虑:词汇方面增加深度,扩大广度。语法方面增加难度,并进一步使之体系化。同时,提高学生使用日语表达思想的能力。提高理解力——听与读的同时,关注表现力——说与写的能力。最后,除语法、词汇等学习之外,日语学习动机、课程设置及教材研究等均不可忽视。本书也将对此进行论述,期待对我国日语教学研究、对教学标准、大纲制定起到一定积极的促进作用。

# 第2节　研究框架与研究方法

## 1.研究框架

关于“实质语功能语”，第1章第2节中将进行详述，三宅(2005)将同一形式的“内容语”变为“功能语”现象称为「文法化」(语法化)。本书中将既是实质语又是功能语的词语命名为“实质语功能语”。这是从“实质语功能语”这个词语出发，缩小范围，将变化为功能语的词语限定于实质语，也充分着眼于变化前的语言现象，能够对其体系有一个整体性的理解。这是从语法和词汇综合研究的角度的一种命名。三宅(2005)对「文法化」(语法化)现象的各种表现形式进行了归纳总结。从助词化·助动词化的角度，将语法化大致分为“格助词·接续助词，名词＋だ·テ形接续的补助动词·复合动词的后项·其他”这几类。不言而喻，这是日语教学中的重点和难点。下面，笔者将三宅列举出来的内容从①—⑥整理成表。(三宅2005：68—72)

表1：三宅(2005)语法化各个形态

| 语法化 | 各形态 | 内容 |
|---|---|---|
| 助词化 | ① 格助词 | ～において，～について，～によって，～にとって，～に対して，～に関して，～に際して，～に限って，～をめぐって，～をもって，… |
| | ② 接续助词 | A:φ/に→トキ，アイダ，コロ，タビ，場合，タメ，ユエ，末，アゲク，…<br>B:φ/＊に→結果，カギリ<br>C:＊φ/に→度毎，クセ，ワリ，ヨウ |
| 助动词化 | ③ 名词＋だ | ようだ，はずだ，ところだ，ものだ，ことだ，つもりだ，わけだ |
| | ④ テ形接续的补助动词 | ～ている，～てある，～ておく，～てみる，～ていく，～てくる，～てやる，～てくれる，～てもらう，～てしまう，… |

| | | |
|---|---|---|
| | ⑤ 复合动词的后项 | ～かける,～だす,～始める,～まくる,～続ける,～終える,～終わる,～尽くす,～きる,～通す,～抜く,～そこなう,～損じる,～そびれる,～かねる,～遅れる,～忘れる,～残す,～誤る,～あぐねる,～過ぎる,～直す,～つける,～慣れる,～飽きる,～あう,～得る |
| | ⑥ 其他 | かもしれない,にちがいない<br>～がある:可能性がある,恐れがある,ことがある<br>～がする:気がする,感じがする |

①类中是「動詞であったものから固定的形をとることによって作られた」。②类中,「"に"の後接がない場合の方が,文法化の度合いが高い」。③类是「典型的な文法化の例」。④类中,从「補助動詞における本動詞性と助動詞性の間には連続性が存在する」这个观点出发,「補助動詞の分析に文法化の視点を取り入れることには意義がある」。⑤类是「語彙的」以外,「統語的複合動詞の後項は,文法化されたものとみることも可能である」。剩下的⑥类中是「内容語を含む複数の形態が合成されて,助動詞化しているもの」。

①③④⑤类是本书中叙述的"实质语功能语",①④⑤类的动词以外,只有③类是从原本是名词的词语演变而来。「助動詞化」中,由于语法化现象最为明显的是第3类,而第4类数量集中且贯穿于整个日语教学中,故笔者选中其中「助動詞化」第3类「名詞＋だ」中的「ところだ、ものだ、ことだ」、第4类「テ形接続の補助動詞」为研究对象,从共时研究角度,探讨其与现代日语用法的关系。

无论哪种语言,语言中表示时间、地点、人物、物品、事件的词汇均比较重要,日语的这些词汇「とき、ところ、ひと、もの、こと」中,实质语功能语用法最为明显的当属「ところ、もの、こと」3个语法词汇词,笔者将在本书中详述。由于现代日语中,「こと」不如「ところ、もの」实质语功能语形态更加多样化,例如:「こと」除前接活用词连体形·终止形、名词+の、连体词、ということ、句型「～ことがある·～ことができる·～ことにする·～ことになる」等以及「残念なことに」、命令形结句外,没有其他更多的形态。而「ところ、もの」

不同,「ところ」拥有「ところで、ところが、~するところ、~しているところ、~したところ、~たところ(が)、~たところで」,「もの」拥有「もの、ものの、ものか、もので、ものなら、ものを、ものだ」等形态。因此,笔者对「ところ、もの」侧重进行体系性研究,而「こと」,主要涉及其搭配情况的研究。

对于后者,把「ある、いる、いく、くる;おく、みる、しまう;あげる、やる、くれる、くださる、もらう、いただく」放在一起研究。因为这些语法词汇词既有实质语用法又有功能语用法;所谓即有单纯动词用法,又有补助动词用法。在选择中,对「差し上げる」这样的复合动词予以省略。日语先行研究在论述本书中提到的“实质语功能语”语言现象,例如:所谓补助动词「ある、いる、いく、くる;おく、みる、しまう;あげる、やる、くれる、くださる、もらう、いただく」这13种语言现象时,分析中涉及前接一个动词与这些“补助动词”的搭配。截至目前,尚没有长词搭配,没有所谓“词块”或“语块”的语料库搭配使用研究。这一点相对我国英语教学还十分落后,因此,笔者的此项研究将填补这一空白。

关于搭配及其在语言教学中的重要性,本书不多赘述。仅想指出的是:笔者参考了三好(2007)(2011)、王·曹(2012)、李文平(2014)后发现,所谓“词块”“语块”(本文使用搭配)研究尚存不足之处。杨(1999)指出了英语词汇的板块性及其对英语教学的启示,濮(2003)强调了教学中的类连接、搭配及词块在语言交际中的作用,这些均对日语教学有一定的启发。由于日语是SOV语言,其谓语的重要性不言而喻,因此,其具体搭配使用的语料库调查和研究就愈发重要。因为搭配使用频率的高低应该是衡量其使用和学习重要性的重要指标之一。通过这样的调查,便于学习者掌握其使用方法和今后的教材编写。同时,长一点单位的搭配学习十分重要,可以使学习者更地道、更准确、更充分地考虑其使用语境,学好日语。相信研究结果对日语教学标准的制定、大纲编写、教材编写会起到一定的积极作用。

语言教育中语料库的作用之一是语料驱动学习(データ駆動型学習),即学习者自己使用语料库,发现语言用法,持续不断地学

习。兰盖克(坪井译:2000)提出了以使用为基础的模式(使用依拠モデル),从认知角度,认为语言习得是现实发话中自下而上(ボトムアップ)通过实际使用习得的过程。

此外,除第1章实质语功能语的体系研究、第2章实质语功能语的搭配研究外,关于日语教学,掌握词汇学习策略、日语学习动机、课程设置及教材研究等均不可忽视,本书将在第3章、第4章中涉及,以期更全面地对日语教学提供建设性意见。

## 2. 研究方法

为使研究更加客观,降低主观性。本书将运用文献研究、语料库、调查等研究手段完成。关于语料库,具体参照参考文献。笔者使用日本国立国语研究所(2011)『現代日本語書き言葉均衡コーパス』(BCCWJ)中纳言进行了调查,BCCWJ检索对象为11种数据,总数1亿多词。通过检索和一定的统计,揭示日语母语使用者语言使用的倾向性规律,分析其作用。其选取方法全书一致。

对BCCWJ的具体选取方法、调查操作规则如下:

(1) 中纳言短单位检索语汇素,下载txt文本文档,转成excel。下载下来的txt文本文档转成excel后只显示上限10万个数据库中随机抽取的数据。因为只显示到上限为10万之内的词,而实际情况应该有超过10万的搭配,因此对资料不做百分比的统计。

(2) 以节点词"X"为中心,前2+前1+X+后1+后2为一个搭配单位,或者叫跨距。逗号、句号、顿号、括号等为一个单位计算在内,这样便于观察是否结句。与短词(前1+X+后1)搭配研究不同的是,在长词(前2+前1+X+后1+后2)搭配中,助词、助动词、逗句号等同样应成为要考察的对象,算作一个单位。相对于必要成分来讲,它们有可能是附加成分,但也是长词搭配研究中必不可少的信息。另外,由于「で」前可能出现名词或形容动词,故「で＋所谓"補助動詞"」,只调查其前接1个动词。

(3) 搭配资料表格分左右两部分,左侧:以节点词为中心的搭配,排列顺序从上到下分别为共现频次最高到最低的项目。右侧:

左侧以节点词为中心的长词搭配的频次，数量由高到低排序。

（4）本书中有关搭配数量的分析少于最后“资料篇”中的数量。“资料篇”选取时，以5的倍数为单位，几乎全部选取出现30次到5次之间的词，选取后列表。需要说明的是：本书在分析时，原则上以总搭配频次5万为分界线，5万以上选到100次，5万以下尽量选到50次的单位。由于有些项目数量的问题，「でいる」选到100次；「てくれる、てくださる」选到50次；「こと、もの、ところ、てもらう、でおく、でしまう」选到30次；「でみる」选到15次等。次数均为数字以上的次数。

（5）由于日语语料库中汉字与假名混用等情况，故「別にみると」「別に見ると」一起计算，数量累加，使用「別に見ると」标示；「頼んで」「たのんで」两个词中，以使用汉字的一起计算，其他动词类推。名词「こと」「ほう」则把使用汉字的词放入以假名标记的词中一起计算。整合到同一个词条下的结果是，使得该词条的使用范围得到一定程度的扩大，从而其使用频率也随之增加。

（6）「目（め）」「眼（め）」分别计算。不好把握的单独计算，例如：「よんで」是「読んで」还是「呼んで」，不好区分时，按3个词计算。サ变动词计算成「確認し＋て」「確認さ＋せ＋て」，全部是分开的单位。「ておい+た」，活用后的「た」单独计算。

（7）本书是对现代日语的研究，去除「言ふもの」这样的词。

（8）日语资料中的「、」「，」，以「、」统一。

（9）有些搭配中，「いる」会包含「おる」，「いく」会包含「ゆく」。

笔者对此语料库，按照以上规则进行了调查。

# 第1章　日语实质语功能语体系研究

## 第1节　「ところ」的意义用法研究

### 1. 引言

日语「ところ」除“实质语”(実質語)名词意义外,还多作为“功能语”(機能語)使用。因此,脱离句子意义,仅仅在词类、句子结构基础上进行分析研究,使之成为分析研究的对象是不够的。近几年来,随着语料库研究的盛行,语料库语言学研究使得语言学研究、语言事实描述更加客观和真实。本书的目的在于,通过对“学习者使用情况调查”“中日对译语料库”的分析研究,审视日语实质语功能语「ところ」的用法,更好地为我国日语教育服务。

### 2. 问题意识

2.1 学习者使用情况调查

笔者在2010—2013年学生提交的作文中进行了调查。调查对象:日语专业本科生、日语专业研究生、非日语专业本科生、非日语专业研究生,共计240名。作文字数:200～400字左右。

表1:学习者使用情况

| 写作题材 | 学习者人数 | ところ 总计 |
|---|---|---|
| 夏休み | 28(二外2) | 0句 |
| 日本語学習を通じて感じたこと | 68(二外3)+8(一外2)+7(一外3) | 10句 |

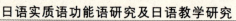

| 日本語の語彙の覚え方について | 16(研究生1外) | 4句 |
|---|---|---|
| 合计(3篇) | 127名 | 14句(11%) |
| 日本語の使役表現について | 105(专业3年级) | 18句 |
| 日本語の語彙研究について | 8(研究生1年级) | 4句 |
| 合计(2篇) | 113名 | 22(19.5%) |
| 合计(5篇) | 240名 | 36句(15%) |

学习者的使用情况是:240名学生中使用实质语功能语「ところ」总数为36句。其中,学术性文章22句,普通作文14句。实质语功能语「ところ」应该说是有一定难度的语言表现。

2.2 例句分析

句子前面的"✓"表示「ところ」部分使用正确,"*"表示「ところ」部分的使用值得推敲,"→"表示此句这样修改为好。

①(✓)大学に入ったら、日本語のコースを選びました。今は第二外国語の三級のコースが<u>終わったところ</u>です。(二外3)

②(✓)知るか知らないかのうちに、この学期が<u>終了するところ</u>です。(二外3)→あっという間に、この学期は終了するところです。

③(*)新聞にせよ、漫画にせよ、<u>読んでいるところ</u>を、知らない語彙を選んで、辞書をひき、そして覚えてみる。(研1外)→新聞にせよ、漫画にせよ、読んでいるものの中で、知らない単語を選んで、辞書を引き、そして覚える。

④(*)「先生は彼を帰らせた」と「老师让他回去」を比べると、「回去」は「帰る」とともに自動詞だけである。上文に<u>述べたところ</u>、自動詞の使役表現は自動詞が他動詞になるため、文法が間違わないように変化する意味も含めているが、その自動詞に対応する中国語の言葉は自動詞ではなく他動詞だけで使われている場合、「させる」を「让」と訳

されていない。(专业)→「先生は彼を帰らせた」を「老师让他回去」と比べると、「回去」は「帰る」とともに自動詞である。上文では、自動詞の使役表現によって、自動詞が他動詞になっている。文法が間違わないように変化する意味も含めている。その自動詞に対応する中国語の言葉は自動詞ではなく他動詞だけで使われている場合、「させる」を「让」と訳されていない。

⑤ (*)聴解の練習もよくもらって、<u>習ったところで</u>聞く時に、すごく嬉しいです。(二外3)→聴解の練習もよくさせてもらって、習ったところを聞く時に、すごく嬉しいです。

⑥ (✓)教科書を<u>学んだところで</u>、普段の会話でその教科書の中の内容をよく使うことができません。(二外3)→教科書を学んだところで、普段の会話でその教科書の中の内容をよく使えるようにはならない。

⑦ (*)日本語の漢字は中国語と比べて、いろんな小さな分別があります。意味もちがいます。「手紙」や「泥棒」などの語彙、<u>はじめに見たところ</u>、本当びっくりしました。(二外3)→日本語の漢字は中国語と比べて、いろんな小さな違いがあります。意味もちがいます。「手紙」や「泥棒」などの語彙、はじめて見た時は、本当にびっくりしました。

例句分析主要集中在「ところ」部分。从以上例句可以看出:「ところ」的学习需要梳理;从例3、例4、例5、例7可以看出,与功能语接续助词有关的学习还是十分必要的。

## 3. 关于「ところ」的先行研究

### 3.1 实质语功能语「ところ」

#### 3.1.1 实质语

寺村曾就「実質名詞としてのところ」实质语「ところ」指出:

"具体性の高いものからかなり抽象的なものまで色合いが微妙に異なることが見られる"(1978:10—19)。并以下列句子为例指出例1作为「内の関係の底」,可以用「場所」置换;例2作为「外の関係の底」,不可以使用「場所」置换。例句的下线为笔者添加。

例1:ここはコピーをとるところです。
例2:百メートルほど行ったところに野井戸があった。

寺村从语言学角度分析了「ところ」的用法。并指出其表示"场所、位置",即空间中的某一点。从日语教学来讲,例2中「ところ」的意义应该与例1中「ところ」的意义是相关的,表示"大致的位置",可以说是例1意义的延伸。由于二者均是名词,加上:

例3:山嵐の証明するところによると、~。

『坊ちゃん』(《哥儿》)

→据豪猪自己说(译文1)
→根据"豪猪"所说(译文2)
→据豪猪说(译文3)

例4:完全隔離を論拠とするところの存置論は、~。

『青春の蹉跌』(《青春的蹉跌》)

→至于以完全隔离为论据的死刑存续论,……。

中的「ところ」用法,在教学中放入一大类应该更好。中日对译语料库中的译文分别为1~3个,以下例18—27皆出于此语料库。

3.1.2功能语

关于功能语,寺村从句子功能入手,把「ところ」分为「接続助詞化した場合」和「文末助動詞化した場合」加以分析。在日语的「アスペクト(体)」教学时,我们有时会把「~るところだ」「~ている(~ていた)ところだ」「~たところだ」一起告知学习者。寺村(1984:290—293)指出:「そのアスペクトを表わすのはトコロダに前接する動詞の形であって、~トコロダ全体ではない」。因此,把「ところ」分为「接続助詞化した場合」和「文末助動詞化した場合」加以分析有一定的道理。

毋庸置疑，句中的「～たところで、～たところ(が)」中的「ところ」大部分可以理解为“接续助词化”。然而，位于句末与“体”的教学有关的「～るところだ」「～ている(～ていた)ところだ」「～たところだ」中的「ところ」可以看作是“文末助词化”的话，位于句中与“体”的教学有关的「～たところ」中的「ところ」，句中的「～るところ、～ているところ」中的「ところ」是否可看作为“接续助词化”，如果能够看作“接续助词化”的话，这是不统一且存在矛盾的。

3.2关于日语学习——日本语教育事典

作为日本语教育权威的《新版日本语教育事典》对「ところ」的用法是这样说明的。

3.2.1“名詞節”(2005:180)

作为「名詞節こと、の、ところ」中的「ところ」用于：谓语部分「見かける」「目撃する」「出くわす」这种表示“目击”等、「捕まえる」「襲う」「撮影する」这种表示“捕捉”等的场合。

例5：知人は山田が出かけるところを見かけた。

例6：強盗は住人が寝入ったところを襲った。

3.2.2“形式名詞系”(2005:127—128)

作为「形式名詞系のアスペクト形式」，「テイル形に共起して進行過程の内部を取り出す」(例7)，「場面を客観的に説明するとき」(例8)，「直後の場面」(例9)，「仮定条件下での非現実事態の想定」(例10、例11)，「主体の特定の場面でのあり方を取り上げる」(例12)等用法。

例7：彼は皿を洗っているところだ。

例8：そう思っていたところだ。

例9：彼は日本についたところだ。

例10：もう少しで死ぬところだ。

例11：彼が遅れたら置いていくところだった。

例12：犯人が逃げるところをつかまえた。

3.2.3 “逆条件”(2005:167—168)

表示「逆条件テモ、タッテ、トコロデ」:「ところで」只接在动词「タ形」后面,在条件没有发生作用,得不到期待结果时,表示「無駄だ、無意味だ」的评价(例13);尽管条件生效,但对其结果轻视「大したことはない」的态度(例14)。还有,不用于令人期待的好结果(例15);不用于评价客观叙述的表现(例16);不与表希望、意志、命令等的句末表现共起(例17)。

例13:手術したところで、病気は治らないだろう。

例14:失敗したところで、何とかなるさ。

例15:*手術しなかったところで、病気は治りますよ。

例16:*4月になったところで、肌寒い日が続くでしょう。(天気予報)

例17:*反対されたところで、留学したい/しよう/しなさい。

按照近藤(1999:11—20)的研究,例5的动词「見かける」为与视觉有关的动词,「ところを」表示“場面を、さまを”,例6、例12的动词「襲う、つかまえる」是与视觉无关的动词,「ところを」表示「際に、ときに」。笔者认为,在教学中,无论是与视觉有关的动词还是无关的动词,「ところ」和「を」分开看待较好。

同时,例5、例6被定义为“名詞節”,例12被定义为“形式名詞系のアスペクト形式”。例5与例6、例12中的「ところ」,动词前面,其「ところ」的用法可以理解为与表示“场合”或“时间”有关。因此,有助于场合、时间表达的「ところ」在教学时是否可归为一类。

3.3 本节的定位

在探讨「ところ」与其他近义词的使用区别之前,首先有必要对「ところ」本身进行分析。在谈到现代日语文法化问题时,三宅(2005:61—75)指出:“様々な言語のデータに基づく,文法化の類型論的な研究において,内容語から機能語への変化の過程には,次第に変化するという漸次性が見られる,換言すると,中間段階の存在が認められるとされているからである。”姑且不论“文法

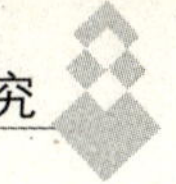

化”问题，“实质语、功能语的逐渐变化”，从教学角度，对实质语、功能语「ところ」意义和使用的分析是否可从以下几个方面理解。

(1) 例2中「ところ」的意义应该与例1中「ところ」的意义是相关的，并且可以说是例1意义的延伸；且二者均是名词。就「ところ」而言，表示地点、位置、范围、包括意义抽象化等的名词，在此皆视为“实质语名词”。在教学中“ところ实质语名詞”可以归为一类。

(2) 句中的「～たところで、～たところ(が)」中的「ところ」大部分可以理解为“功能语接续助词”。位于句末与“体”教学有关的「～るところだ」「～ている(～ていた)ところだ」「～たところだ」中的「ところ」，与位于句中与“体”教学有关的「～たところ」中的「ところ」以及句中的「～るところ、～ているところ」中的「ところ」一起可以看作为“实质语性时间名词”。它们表示时间或场合，即无论其在句中的位置如何，均视为“实质语性时间名词”。另外，「今のところ、ここのところ」等表现也归入此类。

(3)「～ところを、～ところへ、～ところに、～ところと(見える)」中的「を、へ、に、と」是句子在不同情况下的助词使用，「お忙しいところを」中的「を」有时可以省略。

例18：お忙しいところ恐縮でございますが(在您百忙中来打扰，实在对不起)。　　　　『黒い雨』(《黑雨》)

因此，在教学中把「ところ」与助词区分开来单独考虑为好。

(4) 表示转换话题、转折等的接续词「ところで、ところが」、接续助词「～たところで、～たところ(が)」，笔者认为是表示状况，把二者一起划入“功能语”，这是一种“脱范畴化”，名词的属性已相当薄弱，即词性发生了变化。

综上所述，笔者把「ところ」的(1)、(2)、(3)用法大致划定为“实质语”，把(4)的用法视为“功能语”。

## 4. 语料库研究

对学习者来说，由于功能语接续词「ところで、ところが」掌握得相对较好，因此，笔者在考察语料库时，省略了对它们的考察。仅以「～るところ、～たところ」为关键词进行了检索，除去「至るところ、ところどころ」和语料库中误收入的6句外，实质语性时间名词「～ているところ」包含在「～るところ」中，「～ていたところ」在「～たところ」中出现，因此共搜索到823句，实际使用「ところ」的地方共854处。表中数字右边为用法，左边为此种用法的出现数量。百分比数字保留小数点后一位，四舍五入，因此有时会有0.1%的误差。[①]

表2：中日对译语料库

| 项目 | (动词)+ところ实质语名词 | ところ实质语性时间名词 | ところ功能语接续助词 | 总计 |
| --- | --- | --- | --- | --- |
| 数量 | 605 | 42るところ<br>63ているところ<br>43たところ<br>1时间 | 75たところで<br>+(2たところでは)<br>23たところ(が) | |
| 总计 | 605 | 149 | 100 | 854 |
| 百分比 | 70.8% | 17.4% | 11.7% | 100% |

调查结果显示：

(1)“(动词)+ところ实质语名词”用法最多，605处(占总数的70.8%)。「ところ」使用汉字的地方笔者发现有3处。也就是说，中日对译语料库中，实质语名词均可以不用汉字表述，用汉字表述的「ところ」其具体意义更加明确。其日语例句和译文如下：

例19：ぶうと云って汽船がとまると、艀が岸を離れて、漕ぎ寄せて来た。船頭が真っ裸に赤ふんどしをしめている。野蛮な所だ。尤もこの熱さでは着物はきられまい。～

① 四舍五入保留了小数点后一位，部分情况可能有百分之一的误差，以下相同。另外，数字的右侧表示的是项目，左侧是此项目的出现数。

人を馬鹿にしていらあ、こんな所に我慢が出来るものかと思ったが仕方がない。　　　　『坊ちゃん』(《哥儿》)

→真是个粗野的地方。……我心想,真是捉弄人,我能够在这里待下去吗?可也没有办法。(译文1)

→真是个野蛮的地方!……俺心想:这简直是糟蹋人嘛,在这么个鬼地方,谁能待得下去呀。(译文2)

→真是个野蛮地方!……心想:这不是捉弄人吗?这么个地方我怎么能受得了啊!可人已经到了这里,还有什么办法。(译文3)

例20:赤シャツの行く所なら、野だは必ず行くに極っているんだから、今更驚ろきもしないが、二人で行けば済むところ、なんで無愛想のおれへ口を掛けたんだろう。　　　　『坊ちゃん』(《哥儿》)

→红衬衫要去的地方,(译文1)

→红衬衫所到之处,(译文2)

→红衬衫要去的地方,(译文3)

(2) ところ实质语性时间名词149处(占总数的17.4%),因为是与动词相关的调查,因此,此次调查中只出现了1例时间表现「今のところ」。

(3) ところ功能语接续助词最少,共100处(占总数的11.7%)。功能语接续助词「～たところで」的中文译文除前句使用"纵使、纵然、即使、即便、无论",后句"也、还是"等外,由语境表达居多。而典型的功能语接续助词「～たところが」只有4处,在后文中会介绍,中文译文大部分靠语境表达其语感。由于学习者对某些用法接触不多,因此,ところ功能语接续助词使用是有一定难度的。

## 5. 关于「ところ」的教学

### 5.1「ところ」的整理

关于「ところ」的用法,日本文化厅(1971:703—705)是这样记述的。除「ところ」外,笔者将可改写成汉字的假名均使用汉字表

述。[①]

5.1.1「ところ」:名詞

① バスに乗る所はどこですか。(场所)

② 駅の出口の所で待っていてください。(附近)

③ ここにお所とお名前を書いてください。(住所)

④ 偉い人は子供の時から、どこか違うところがある。(部分、点)

⑤ お忙しいところをおいでくださいまして、ありがとうございます。

食べているところを写真に撮られた。

見たところは綺麗ですが、水に弱いです。

今のところは心配ないようだ。(恰巧那时或场合)

⑥ 聞くところによると、今度新しい国語辞典が出るそうだ。(范围)

⑦ 世間で一般に言うところの「自由」とは、「したいことをしてよい。」という意味のようです。(以「ところの」形式出现,前面部分对后面将要出现的语言进行说明。同格,可以省略)

5.1.2「ところが」「ところで」:接続詞

5.1.2.1 ところが(与想象的事情相反)

① 晴れていたので、洗濯をしました。ところが、急に雨が降り出しました。

② 昨日デパートへ行きました。ところが、デパートは休みでした。

5.1.2.2 ところで(转换话题)

① ところで、この頃映画を見ますか。

② ところで、あなたのお考えを伺いたいのですが、……。

---

① 引用时,作为假名的替代,可以使用汉字标记的一律使用汉字。部分"、"号改为本文中的","号,以下均适用。无特殊声明,下画线均出自笔者。日本文化厅(1971)除外。

5.1.3「～たところ(が)、～」「～たところで、～」:助詞

5.1.3.1 ～たところ(が)、～(说明情况,后句表示结果)

① 明日は晴れるだろうと思って寝たが、翌朝起きてみたところ、やっぱり晴れていた。

② 会に遅れたと思って急いで行ってみたところが、まだ誰も来ていなかった。

③ その薬を飲んだところが、どんどんよくなって病気は一週間ですっかり治りました。

5.1.3.2 ～たところで、～(后句作为前句的结果,表示没有任何作用或发展为更恶劣的状态)

① もうこれ以上話し合ったところで、無駄ですよ。

② どんなにたくさん本を買ったところで、読まなければ何にもならない。

③ 君にお金を貸したところで、必要なものを買わずに無駄遣いをするに決まっている。

日本文化厅的记述中没有使用"形式名词"这一术语,即没有使"名词"的分类更进一步细化,笔者认为这是有一定的道理的。因为从教学的角度看,进一步的细化容易给学习者带来混乱,更加不便于记忆,能理解、会使用才是教学与学习的根本目的。

5.2「ところ」的意义分析

句子结构分析十分重要,然而从意义角度,把「ところ」可以考虑划分为:

(1) 表示地点、位置和范围等的实质语名词。名词在日语教学中,讲解清楚十分必要。

(2) 表示时间、场合的实质语性名词。表示时间、场合的实质语性名词,相对地可以分为"具体词"和"抽象词"。具体词数量不多,包括「忙しいところ、今のところ、今日のところ、このところ、ここのところ、いいところ、出掛けるばかりのところ」等,讲解清楚即可。与"体"教学相关的"抽象词"则有必要仔细讲解。在此之上,理顺「～ている」「～ているところだ」、「～たばかりだ」「～たところだ」等的意义差异。

(3) 表示状况的功能语接续词、功能语接续助词。接续词的转换话题、转折意义的「ところで、ところが」,学习者相对好掌握。

(4) 对助词的判定。在中日对译语料库中,「ところ」有以「ところを」「ところに」「ところへ」「ところと(見える)」的形式出现,「を、に、へ、と」这些助词均由后续词需要而出现,在日语教学中,笔者认为把它们与前面的词分开看待可能更好。

下面重点谈谈功能语接续助词用法。

5.2.1 接续助词「～たところで」

接续助词「～たところで」只接在动词"タ形"后面,表示「逆接仮定条件」(沖1998:37—47)。逆接时,主句表示新状况下没有发生变化或没有效果,这一点,日本语教育学会(2005:167—168)讲解得比较清楚。

前田(1994:104—113)指出:"トコロデは最も典型的には、主文が否定文でなければ用いられにくい。"同时,笔者也从中日对译语料库中发现了主句不是用否定句式的例句。

例21:私も今その約束通りKを雑司ヶ谷へ葬ったところで、どの位の功徳になるものかとは思いました。

『こころ』(《心》)

→于是我想到,现在我就按那时的约定,把K埋在杂司谷,大概也可以算是一点点功德吧。(译文1)

→我想如果现在依照约定把K葬在杂司谷,那确是功德无量的事。(译文2)

此外,以下的例句中的「～たところで」实际上是与表示"场所"和"时间"有关的句子,而中文译文则是通过副词和语境体现的。从日语实质语与功能语的关系看,「ところ」作为名词和作为接续助词的用法间是有一定的意义关联性的,这是典型的语法化现象。

例22:店を出たところで、曽根は勘定しなかったことに気付いて。　『あした来る人』(《情系明天》)

→出了店门,曽根才想起没有付款。(场所)

例23：田植が終わったところで、ここの老夫婦も今日一日は農休みだということであった。

『あした来る人』(《情系明天》)

→田里已经插完秧，这对老夫妇今天也闲了整整一天。(时间)

5.2.2 接续助词「～たところが」

「～たところが」作为接续助词，只接在动词谓语句后，不接在形容词和名词谓语句后。在中日对译语料库中，笔者观察到只出现4个例句。传达的是：为了搞清楚某种事情，尝试去研究调查，于是发现了预想外的情况。同时多少有逆接语气的含义，表达了吃惊的心情。

例24：仕方がないから、のそのそ出て来て実はこれこれだと清に話したところが、清は 早速竹の棒を捜して来て、取って上げますと云った。 『坊ちゃん』(《哥儿》)

→没办法，我只得慢吞吞地走出来，一五一十把经过告诉了清。她很快找来一根竹竿，说要把钱包捞上来。(译文1)

→俺无奈，只好磨磨蹭蹭地回到清面前，如此这般地向清讲了，于是清马上找来一根竹竿说："让我给您捞上来。"(译文2)

→没法，只得慢慢吞吞走出来，一五一十地把情况告诉清。她一听，连忙找了根竹竿来，说："我给你去捞！"(译文3)

例25：或る晩あまり退屈なので品川の方まで歩いて行った時、時間つぶしに松之助の映画を見る気になって活動小屋に這入ったところが、ちょうどロイドの喜劇を映していて、若い亜米利加の女優たちが現れて来ると、矢張いろいろ考え出されてイケませんでした。

『痴人の愛』(《痴人之爱》)

→一天晚上实在闲得无聊，便走到品川一带，想看个电影

消磨时光，便进了一家电影院，正巧放映洛伊德的喜剧。当美国年轻的女演员们出现在银幕上的时候，我仍是浮想联翩，不能自已。

例26：また、アメリカが敵地に乗り込むようなつもりで、厳重、酷烈な占領計画を立てて日本に進駐したところが、懸念されたような不穏な状態はまったくおこらなかったのも、同じような日本人の態度のためであった。

『激動の百年史』(《激荡的百年史》)

→此外，美国出于深入敌国领土的打算，制定了严厉苛刻的占领计划，然后进驻日本，但并未出现令人担心的骚乱状态。这也是因为日本人承认战败的缘故。

例27：君に懸物や骨董を売りつけて、商売にしようと思ってたところが、君が取り合わないで儲けがないものだから、あんな作りごとをこしらえて胡魔化したのだ。

『坊ちゃん』(《哥儿》)

→他原打算向你推销挂轴和古董，你不加理会，他赚不着钱，便捏了错来欺骗人。(译文1)

→他本想硬卖些画和古玩给你，赚笔钱，你不搭理他，他赚不到钱，所以编造了那件事来造你的谣。(译文2)

→他想把挂轴啦，古董啦硬塞给你，做些买卖，可你不与他打交道，他赚不到钱，就捏造出这么一套来诬陷人。(译文3)

译文中虽然没有固定的对译词，但是语境反映出了日语的语感，有利于日语学习者的学习。与“接续助词”相比，“接续词”对于学习者来说相对容易，而接续助词则有必要下功夫讲解。并在此基础之上，对「～たところで」「～ても」等的区别深入探究。

## 6. 结语

对日语学习者来说，实质语功能语「ところ」的学习十分必要。从日语教育角度，本节把「ところ」划分为“实质语名词”“实质语性

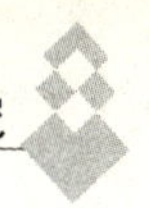

名词”“功能语接续词”“功能语接续助词”4类。通过对学习者使用情况、中日对译语料库等的调查，把「ところ」的用法归纳为：「ところ」首先表示“场所”，表示整体中的一点、一部分。进而为“时间”，表示时间推移中事态进展中的一点。最后由此引发为一种逆接或出乎意外，「ところ」表示“状况”。语义扩展及相互之间的关联、语料库例句都将会从某种程度上促进学习者对「ところ」用法意义的学习。今后有必要对「ところ」进一步细化探究，并进行教育方面进一步的实证调查。

## 第2节　日语专业教学大纲中的「ところ」

### 1. 绪论

作为一名日语教师，对教学大纲以及教材的调查研究是必不可少的。这对大纲的修订以及教材的编写都会有帮助。从宏观的立场上分析，日语中有既作为一个实质语，又有可能根据同一形式的些许变化，成为功能语的“实质语功能语”。对于教师来说，这样的语法词汇教学是非常需要花工夫的。因此，本节考察了中国大学日语专业的教学大纲，包括：①教育部高等学校外语专业教学指导委员会日语组（2001）编写的《高等院校日语专业基础阶段教学大纲》（以下简称基础大纲）；②教育部高等学校外语专业教学指导委员会日语组（2000）编写的《高等院校日语专业高年级阶段教学大纲》（以下简称高年级大纲），以求有助于日语教学水平的提高。

### 2. 实质语功能语的含义

根据龟井·河野·千野（1996：275）编写的《言语学大辞典》中有这样的论述：“語という単位をいちおう認めた上で，語の分類を伝統的な品詞の分類から離れて行なう場合，語彙的な意味を表わす実語に対して，文法的な機能を示す語を機能語とよぶ。（中略）名詞・動詞・形容詞のような実質的な語彙的な意味を表わす語が実語であり,冠詞とか前置詞・接続詞などの,実質的な意味の空虚な,主として文法的機能を示す語が機能語または形式語である。”

三宅(2005:62)提出,“実質的な意味を持ち,自立した要素になり得る語のこと」を「内容語」と,「逆に,実質的な意味,および自立性が希薄で,専ら文法機能を担う要素になる語のこと」を「機能語」と考えている。”内容语也就是动词或者名词等词语,功能语主要指的是助词、助动词等。而且可以理解为,动词和名词等词语能拥有助词、助动词的功能,并且“语法化”前后的词语形式是一样的。

根据笔者所知,在日本枡井(1964)首先将“功能语”作为一个术语来使用,新屋(2010)也使用了“实质语性”“功能语性”的术语。在这之后,庵(2012),山内(2012)(2013)也在最近的研究中采纳了这些术语的用法。

### 3. 实质语功能语的分类标准及其分类

在日语中,有一部分词语既是实质语,同时根据其同一形式的些许变化,又能够拥有功能语的作用。也就是说,实质语能变为功能语或者具有功能语性。三宅(2005)将同一形式的“「内容語」(内容语)”变为“「機能語」(功能语)”的现象称作“「文法化」(语法化)”,这着眼于“「内容語と機能語の間のカテゴリーの連続性」(内容语和功能语之间的范畴的连续性)”。“语法化”这个词语强调了语法性的侧面和语言现象的变化,而且,从可能包含像「らしい」这样的词语的情况来看,这个词应该不仅仅是指从实质语到功能语的变化。

笔者赞同“「文法化を内容語から機能語への変化としている」(语法化是指从内容语到功能词的变化)”这个说法,将意义层面上的“「漂白化」(漂白化)”和形态、结构层面上的“「脱範疇化」(脱范畴化)”这两个层面结合的词语考虑为“功能语”。并且,本书中将既是实质语又是功能语的词语命名为“实质语功能语”。这是从“实质语功能语”这个词语出发,缩小范围,将变化为功能语的词语限定于实

质语，也充分着眼于变化前的语言现象，能够对其体系有一个整体性的理解。在日语教学中，对中高级学习者来说，在学习了个别语言现象基础上，对其做体系性的讲解是更加重要的，因此，这是从语法和词汇综合研究角度的一种命名。笔者视其为典型的“语法化”情况来考虑。

三宅从助词化·助动词化的角度，将语法化大致分为“格助词、接续助词、名词＋だ·テ形接续的补助动词、复合动词的后项、其他”这几类。不言而喻，这被认为是日语教学中的重点和难点。下面，笔者将三宅列举出来的内容从①—⑥整理成表。（三宅2005：68—72）

表1：三宅(2005)语法化各个形态

| 语法化 | 各形态 | 内容 |
|---|---|---|
| 助词化 | ① 格助词 | ～において，～について，～によって，～にとって，～に対して，～に関して，～に際して，～に限って，～をめぐって，～をもって，… |
|  | ② 接续助词 | A: φ/に→トキ，アイダ，コロ，タビ，場合，タメ，ユエ，末，アゲク，…<br>B: φ/＊に→結果，カギリ<br>C: ＊φ/に→度毎，クセ，ワリ，ヨウ |
| 助动词化 | ③ 名词＋だ | ようだ，はずだ，ところだ，ものだ，ことだ，つもりだ，わけだ |
|  | ④ テ形接续的补助动词 | ～ている，～てある，～ておく，～てみる，～ていく，～てくる，～てやる，～てくれる，～てもらう，～てしまう，… |
|  | ⑤ 复合动词的后项 | ～かける，～だす，～始める，～まくる，～続ける，～終える，～終わる，～尽くす，～きる，～通す，～抜く，～そこなう，～損じる，～そびれる，～かねる，～遅れる，～忘れる，～残す，～誤る，～あぐねる，～過ぎる，～直す，～つける，～慣れる，～飽きる，～あう，～得る |
| 助动词化 | ⑥ 其他 | かもしれない，にちがいない<br>～がある：可能性がある，恐れがある，ことがある<br>～がする：気がする，感じがする |

①类中是「動詞であったものから固定的形をとることによって作られた」。②类中,「"に"の後接がない場合の方が,文法化の度合いが高い」。③类是「典型的な文法化の例」。④类中,从「補助動詞における本動詞性と助動詞性の間には連続性が存在する」这个观点出发,「補助動詞の分析に文法化の視点を取り入れることには意義がある」。⑤类是「語彙的」以外,「統語的複合動詞の後項は,文法化されたものとみることも可能である。」剩下的⑥类中是「内容語を含む複数の形態が合成されて,助動詞化しているもの」。

①③④⑤类是本书中叙述的"实质语功能语",①④⑤类的动词以外,只有③类是从原本是名词的词语演变而来。后文中将以「ところ」作为典型的实质语功能语做具体的分析。

## 4. 专业大纲

### 4.1 所谓大纲

根据日本语教育学会(2005:754):"日本語教育での「シラバス」の意味は二大別される。まず,クラスの構造,目標,目的,履修条件,成績決定方法,教材,カバーされる内容,スケジュール,参考文献などを記述した文書で,教師と学習者のあいだの契約のような役割を果たすものを指す。また,教育方法,あるいはクラスの教育・習得内容(たとえば,文法構造,文パターン,機能,トピックなど)とその構成を示したものもシラバスと呼ぶ。"这方面又进一步分类为"「文法・構造シラバス」(语法・结构大纲)""「概念・機能シラバス」(概念・功能大纲)""「状況・場面シラバス」(状况・场面大纲)""「複合シラバス」(复合大纲)"等几种领域。中国的专业大纲可以理解为"「複合シラバス」(复合大纲)"。但是,单从教育、习得内容方面来考虑,大纲可以说是将某个课程的学习内容用某种原则排列记述的文件。另外,据笔者调查,就大学日语专业的大纲来说,除了中国之外,国外没有使用综合性的"「複合シラバス」

(复合大纲)”。

### 4.2 专业大纲的构成

#### 4.2.1 基础大纲

基础大纲于1999年出版,2001年修订版出版之后至今已经使用了15年。基础阶段的学习历时两年,教学内容主要是发音、文字、词汇、语法、基础句型、功能词这六个项目。第一年的词汇数量以及连语学习量大约是3000个,第二年与第一年的学习量汇总大约是5600个。语法方面,经过两年之后,大致掌握敬语的使用方法、时体态,以及复句的分析和使用,学习句型约246个。

#### 4.2.2 高年级大纲

高年级大纲于2000年出版以来,至今已经使用了16年。大纲由总纲、课程、毕业论文及毕业实习、测试与评估、词汇表、语法功能词、世界各国的国名·首都名的日语译名等构成。第14—386页刊载了词汇表,但是没有明确记载词汇数量。粗略计算之后发现,一页刊载的词汇大约在24到27个之间。其次,“语法功能词”分为助词的功能,助动词的功能以及文语的用法共三项。笔者将“语法功能词”的内容总结如下。

**表2:语法功能词**

| 项目 | 内容 |
| --- | --- |
| 助词的功能 | 1. 资格、立场、状态、观点:をもって/でもって |
| | 2. 对象、相关:につき/に関して,をめぐって/をめぐり,にかけて(は,も) |
| | 3. 动作、中介、手段、根据、原因:をもって/でもって,を通して/を通じて,にして,につき |
| | 4. 时间、场所、状态:(の)折に/(の)折から,につけ(て),にして |
| | 5. 起点、终点、范围:からして/をはじめ,にわたって |
| | 6. 基准、界限: |
| | 7. 同格:との/といった,ところの |
| | 8. 主题化:とは,とくると/ときたら,となると/となれば/になると/になっては,といえども,にはおかれましては |

| 助词的功能 | 9. 强调：にしても,のあまり(に)/のかぎり/のこと(で),とばかり(に)/んばかり |
|---|---|
| | 10. 限定、非限定：に限って/に限り,ならでは,に限らず/によらず/を問わず,いかんでは/いかんによらず |
| | 11. 添加：どころか |
| | 12. 除外：をよそに |
| | 13. 不明确：と(も)なく,とやら |
| | 14. 同时性：や否や/が早いか/そばから/とたん(に),(か)と思うと/(か)と思えば/(か)と思ったら/(か)と思う,間もなく/(か)と見ると/(か)と見れば |
| | 15. 继起：すえ(に)/あげく(に),ところ(が) |
| | 16. 相关：に従い/に従って/につれ(て),とあいまって |
| | 17. 顺接假定：かぎり(は),ないことには,ては,とすると/とすれば/としたら,(よ)うものなら |
| | 18. 因果关系：からには/からは/以上(は)/うえは/かぎり(は),だけに/だけあって,ばかりに,もので/ものだから/ものを,ばこそ,とあって |
| | 19. 逆接假定：ないまでも,たところで,(よ)うが/(よ)うと |
| | 20. 确定：からといって,とはいえ/とはいうものの/とはいいながら/とはいい,と思いきや,に(も)かかわらず,くせに/くせして,ものの/ものを,わりに,が(たら)最後 |
| | 21. 对比：のに対し(て),かわり(に) |
| | 22. 反复：ては |
| | 23. 例示的对象：～といい…といい/～といわず…といわず,～につけ…につけ |
| | 24. 假想的对比：～(よ)が…よ(う)が/(よ)うと…(よ)うと,～(よ)が…まいが/(よ)うと…まいと |
| | 25. 传闻：とやら |
| | 26. 回想：たっけ/だっけ |
| 助动词的功能 | 1. 禁止：べからず,ものではない |
| | 2. 义务、当然、必然、必要、劝告、主张及否定：ざるをえない/よりほか(は)ない,ものだ,わけだ,のだ,はずだ/(わけだ),ことだ/ものだ,ことになる,にきまっている,ずには(ないでは)いられない,ずにはおかない,を余儀なくされる |
| | 3. 形式的当否、当否的否定形式、不可能、不必要：ものではない,わけではない,わけにはいかない,わけがない/はずがない,ことはない,べくもない,どころではない,とは限らない,には及ばない/までもない |

| | |
|---|---|
| 助动词的功能 | 4. 推测、推量、推定:かもしれない,違いない,ところだ,のだろう |
| | 5. 适当、愿望、提案、劝诱、劝告:ばいい/といい/たらいい/がいい,てほしい,(たい)ものだ |
| | 6. 限定:までだ/までのことだ |
| | 7. 程度:に過ぎない,に足りない/てもしかたがない/ても仕様がない,(とい)ったらない(ありはしない)/かぎりだ,だけのことはある |
| | 8. 经验、回忆、习惯:ことにしている/ようにしている/ことになっている |
| | 9. 传闻:とのことだ/という(ことだ) |
| | 10. 语体(态):ずにいる/ずにおる/ずにおく/ずにしまう,つつある,一方だ,んばかり/たばかり |
| 文语的用法 | 1. 资格:たる |
| | 2. 目的:べく |
| | 3. 假定逆接条件:たりとき |
| | 4. 否定(不应该、不可能):まじき,べからざる |
| | 5. 使役:たらしめる/ならしめる |
| | 6. 无奈:ざるとえない(注3) |

高年级大纲中对现代日语语法项目分为助词和助动词两类,其中根据意义表达不同细分为36项,这样的分类方法我认为是非常可取的。

将其根据意义分类是非常有助于教学和学习的,但是,在这里也想指出大纲并没有提供具体的用例,这一点又带来了不便。以「をもって」作为例子,在助词的作用中1,3,6条都提到了这个句型,但都没有给出具体的例句。因此,这部分是不是应该再加以润色一下呢?

另一方面,以学习者为对象,根据意义分类的句型的相似点和不同点、传达效果的不同之外,还应该聚焦语言形式,关注“实质语功能语”,帮助学习者进行体系化的学习。正是因为在学习项目中“实质语功能语”的体系化学习有难度,因此大纲才有必要进行细分和重新整理。

## 5. 对专业大纲的分析：以「ところ」为例

### 5.1 基础大纲和高年级大纲中的「ところ」

笔者将基础大纲和高学年大纲中的「ところ」的用法总结如下。

表3：大纲中「ところ」的用法

| | 词汇表 | 语法表（词法） | 基础句型表 | | 语法功能词 |
|---|---|---|---|---|---|
| 基础大纲 | ところ（所）：地点，位置。地方，地区。住所，住址。时间，场合。 | 接续词→逆接：ところが | …ところだ。将要…。正要…。刚刚…。 | 高年级大纲 | 起助词作用→表同格ところの |
| | ところが[接] | 接续词→转变话题：ところで | | | 起助词作用→表继起ところ（が） |
| | ところで[接] | 助词→接续助词ところ：表确定顺接条件 | | | 起助词作用→表逆接假设たところで |
| | | 助词→接续助词ところが：表确定逆接条件 | | | 起助动词作用→表推测、推量、推定ところだ |
| | | 助词→接续助词ところで：表假定逆接条件，表确定逆接条件 | | | |

### 5.2 对「ところ」的分析

#### 5.2.1 分类词汇表和日语能力测试出题标准

##### 5.2.1.1 分类词汇表

日本国立国语研究所（2004）的『分類語彙表（増補改訂版）』中，将词汇分为“「体の類」（体类）”“「用の類」（用类）”“「相の類」（相类）”“「その他の類」（其他类）”。“体类”主要在“抽象关系”“人类活动的主体”“人类活动——精神以及行为”“生产物和用具”“自然物和自然现象”这几个领域，而“用类”“相类”主要在“抽象关系”“人类活动——精神以及行为”“自然物和自然现象”这几个领域。

「ところ」这个词语在“体言类—自然物以及自然现象—植物—

草木”中有一处记载，而「ところ」这个表现则在“体言类—抽象关系—时间—场合”中以及“体言—抽象关系—空间—空间·场所”中各有一处记载。另外，“其他类—接续—反对”中记载了「ところが」，“其他类—接续—转换”中记载了「ところで」。

5.2.1.2 日语能力测试出题标准

在国际交流基金(2002)修订的『日本語能力試験出題基準(改訂版)』中，「ところ(所)」作为4级词汇记载在词汇表中。另外，在2级词汇中列举出了「ーところ、ところが、ところで」。

3—4级的语法列表分为“A，语法事项”和“B，表现意图”，两者相辅相成。3级的语法表的“B，表现意图等—其他”中作为“表现形式”列举出了“V(辞典形)＋トコロダ、Vテイルトコロダ、Vタトコロダ”的句型。相对的，1—2级中，在语法的功能词类中，2级列举了「～たところ」「～ところに/～ところへ/～ところを」两项，1级列举了「～たところで,～というところだ/といったところだ,～ところを,～としたところで/～にしたところで」四项句型。

5.2.1.3 大纲和出题标准的比较

对于中国的日语专业学生来说，其学习目标之一就是在大学四年中取得日语能力测试的一级证书。学习较快的同学能在2年学习之后的7月或3年半的12月中取得合格证书。笔者将大纲与日语能力测试出题标准做比较之后，发现如下3点。

① 高年级大纲中「起助词作用→表同格ところの」，「起助动词作用→表推测,推量,推定ところだ」的这些条目都没有给出具体用例，很有再次明确内容的必要。

② 日语能力测试出题标准中的“语法功能词1级”中「～というところだ/といったところだ」的条目在高学年大纲的“语法功能词”中也有出现，但却没有给出用例，明确程度还有待提高。另外，「～ところを」在语法功能词的2级和1级中都有记载，然而没有给出用例，难以深入理解掌握。

③ 大纲和日语能力测试出题标准中对指导项目的详细说明还不足，其与掌握之间的具体关系尚不明确。因此，就体系性的关系而言有进一步探讨的必要。

## 6. 对专业教科书的分析:以「ところ」为例

北京日本学研究中心(2007)的“日语教科书数据库JTC”中收录了4种日语专业教科书,分别是上海外国语大学的《新编日语》(SW),北京大学的《新编基础日语》(BD),北京外国语大学的《基础日语教程》(BW),大连外国语大学的《新大学日语》(DW)。参考王(2013)中「ところ」的意义和用法4分类,基于语料库计算的基础上,将结果总结为表4,5,6,7。

表4:《新编日语》中的「ところ」

| 新编日语 | ところ实质语名词 | ところ实质语性时间名词 | ところ功能语接续词 | ところ功能语接续助词 | 合计 |
|---|---|---|---|---|---|
| 一册 | 29 | 0 | 12ところで | 0 | 41 |
| 二册 | 45 | 14るところ<br>22ているところ<br>12たところ<br>2时间 | 22ところで<br>1ところが | 0 | 118 |
| 三册 | 68 | 5るところ<br>9ているところ<br>3たところ<br>5时间 | 6ところで<br>10ところが | 0 | 106 |
| 四册 | 33 | 5るところ<br>3ているところ<br>1たところ | 6ところで<br>10ところが | 17たところで<br>13たところ(が) | 88 |
| 合计 | 175 | 81 | 67 | 30 | 353 |
| 百分比 | 49.6% | 22.9% | 19% | 8.5% | 100% |

表5:《新编基础日语》中的「ところ」

| 新编基础日语 | ところ实质语名词 | ところ实质语性时间名词 | ところ功能语接续词 | ところ功能语接续助词 | 合计 |
|---|---|---|---|---|---|
| 一册 | 7 | 0 | 6ところで | 0 | 13 |
| 二册 | 17 | 0 | 1ところで<br>7ところが | 0 | 25 |

| | | | | | |
|---|---|---|---|---|---|
| 三册 | 62 | 1るところ<br>7ているところ<br>2たところ<br>9时间 | 5ところで<br>16ところが | 9たところで<br>2たところ(が) | 113 |
| 四册 | 34 | 2るところ<br>1たところ<br>3时间 | 7ところで<br>16ところが | 6たところで<br>1たところ(が) | 70 |
| 合计 | 120 | 25 | 58 | 18 | 221 |
| 百分比 | 54.3% | 11.3% | 26.2% | 8.1% | 100% |

**表6:《基础日语教程》中的「ところ」**

| 基础日语教程 | ところ实质语名词 | ところ实质语性时间名词 | ところ功能语接续词 | ところ功能语接续助词 | 合计 |
|---|---|---|---|---|---|
| 一册 | 2 | 1时间 | 1ところで<br>7ところが | 0 | 11 |
| 二册 | 12 | 17るところ<br>8ているところ<br>17たところ | 0 | 2たところで<br>1たところ(が) | 57 |
| 三册 | 32 | 1るところ<br>2ているところ<br>2たところ<br>1时间 | 5ところが | 2たところで<br>16たところ(が) | 61 |
| 四册 | 33 | 1るところ<br>1たところ<br>4时间 | 2ところで<br>6ところが | 7たところ(が) | 54 |
| 合计 | 79 | 55 | 21 | 28 | 183 |
| 百分比 | 43.2% | 30.1% | 11.5% | 15.3% | 100% |

**表7:《新大学日本语》中的「ところ」**

| 新大学日本语 | ところ实质语名词 | ところ实质语性时间名词 | ところ功能语接续词 | ところ功能语接续助词 | 合计 |
|---|---|---|---|---|---|
| 一册 | 7 | 0 | 0 | 6たところ(が) | 13 |
| 二册 | 17 | 2るところ<br>10ているところ<br>9时间 | 9ところで | 0 | 47 |

| 三册 | 28 | 0 | 1ところで<br>13ところが | 6たところで | 48 |
|---|---|---|---|---|---|
| 四册 | 69 | 4るところ<br>4ているところ<br>5时间 | 4ところで<br>14ところが | 4たところで<br>2たところ(が) | 106 |
| 合计 | 121 | 34 | 41 | 18 | 214 |
| 百分比 | 56.5% | 15.9% | 19.2% | 8.4% | 100% |

从数据库的检索结果来看,4种教科书中"ところ实质语名词"出现的最多。其中,"ところ实质语名词"的出现频率在43.2%—56.5%之间,表示场所、位置、地区、住所、范围等意思。"ところ实质语性时间名词"的出现频率在11.3%—30.1%之间,有「忙しいところ,今のところ,このところ,ここのところ,いいところ,出かけるばかりのところ」这几种用法。"ところ功能语接续词"の出现频率在11.5%—26.2%左右,而"ところ功能语接续助词"的出现频率在8.1%—15.3%之间徘徊。总体来看,各种用法的出现频率几乎都在减少。将各教科书的用法出现频率的顺序总结一下,可以用表8来表示比较的结果。

**表8:四种教科书对比**

| 教科书 | 「ところ」用法顺序 |
|---|---|
| 新编日语 | 实质语名词>实质语性时间名词>功能语接续词>功能语接续助词 |
| 新编基础日语 | 实质语名词>功能语接续词>实质语性时间名词>功能语接续助词 |
| 基础日语教程 | 实质语名词>实质语性时间名词>功能语接续助词>功能语接续词 |
| 新大学日本语 | 实质语名词>功能语接续词>实质语性时间名词>功能语接续助词 |

## 7. 总结

笔者调查发现,在日本关于大纲整体的研究,仅限于日本国立国语研究所(2003),所得结果以论文集的形式(合计4卷)面世。其中,与本书有着密切关系的有贺·植木等(2003)的研究格外引人注目。语法和词汇原本就有着千丝万缕的联系,对于这样的语言现

象，今后的大纲和教科书以及语言教学中，都应该强调体系学习的重要性。笔者正是希望给这样的教学指明方向，力图提高语言教学水平，并期待语言教学能有更好的发展。

## 第3节 实质语功能语「もの」：以「ものの」为中心

### 1. 绪论

例1：「せる・させる」で訳されるのは「使字句」だけではない。例えば、A、把字句によるもの。B、言葉の使動法によるもの。もちろん、「使字句」ではないものの、「せる・させる」文に訳される例文はその2種類のほかにも多くある。(摘自学生读书报告)

日语学习者的学习到了一定阶段之后，像这样的功能语用法会逐渐出现在读书报告、作文里面。然而，笔者收集了92名日语专业大三学生提交的论文指导课作业、14名大学日语本科生和硕士生(有5年以上的日语学习经历)以及57名大学日语本科生(1年左右的学习经历)的作文后发现，在总共163名学习者中，只有上述一例用到了「ものの」。对于这样的表现，学生多半可以"理解"，但是是否使用准确自己无法判断。因此，怎样学习值得我们思考。

日本语教育学会(2005)出版的《新版日本语教育事典》中，详细目录里面的"2.文法""J复文"栏目里面，作为接续动词的「もの」目录下面，只有「ものの」非常特殊地与「のに·くせに」一起列了出来。因此，本文就以「ものの」为例研究这个问题。

### 2. 教学大纲中对「ものの」的定位

教育部高等学校外语专业教学指导委员会日语组编撰的《高等院校日语专业基础阶段教学大纲》(2001:308，以下简称"基础大

纲”)中“语法表”的第一部分“终助词”篇中,举出了“もの,说明理由,表示轻微感叹(女)”以及“ものか,表示反语、强烈的否定”。

教育部高等学校外语专业教学指导委员会日语组编撰的《高等院校日语专业高年级教学大纲》(2000:390—393,以下简称“高年级大纲”)的“起助词作用的语法功能词”中,举出了表示因果关系的「もので/ものだが/ものを」,表示确定的「とはいうものの」「ものの/ものを」,表示义务、当然等的「ものだ」,表示适当、愿望等的「(たい)ものだ」。换言之,“高年级大纲”中是明确地将「ものの」作为经常出现的语法功能语来看待的。

## 3. 教科书中对「ものの」的解释

### 3.1 日语教科书数据库JTC

根据对北京日本学研究中心在2007年制作的“日语教科书数据库JTC”中收集的教科书数据检索调查结果看,功能语「ものの」的出现次数如下。(单位:次)(SW=上海外国语大学编撰,BD=北京大学编撰,BW=北京外国语大学编撰,DW=大连外国语大学编撰)

表1:检索自“日语教科书语料库JTC”

| 教科书 | 新编日语(SW) | 新编基础日语(BD) | 基础日语教程(BW) | 新大学日本语(DW) |
|---|---|---|---|---|
| ものの | 10 | 6 | 11 | 14 |
| とはいうものの | 2 | | | 2 |
| とは思うものの | 3 | | | |
| 第几册的实际数字 | 3册12<br>4册3 | 3册1<br>4册5 | 3册1<br>4册10 | 3册10<br>4册6 |
| 项目内容 | 本文・会話文<br>解説<br>練習 | 本文・会話文<br>解説<br>閲読文 | 本文・会話文<br>解説<br>テスト<br>練習 | 本文·会話文<br>解説<br>閲読文<br>練習 |

从上述的表中可以看出，对于「ものの」这个功能语，《新编日语》和《新大学日本语》的第三册中有多达12次和10次的出现频率，《基础日语教程》《新大学日本语》《新编基础日语》各书的第四册中也有10次、6次、5次的出现频率，依次递减。综合第三册和第四册的情况，《新大学日本语》中出现频率最高，达14次，而《新编基础日语》中仅有6次，属于比较少的情况。然而，四种教科书都是在本科二年级的教科书中出现了这一用法，这同"高年级大纲"（见上文2）中的规定并不一致。

3.2 教科书《综合日语》

彭·守屋（2005）编撰的教材《综合日语》第三册第8课中的"解说·文法"中，「ものの」是这样解释的。

～ものの＜转折＞

「ものの」接在用词的连体形后面，构成表示转折关系的从句，主句的谓语一般采用非意志性的表达方式。相当于汉语的"虽然……"。例如：

（1）たとえば、半導体やコンピュータ本体を作るのはうまいものの、それを動かし利用するソフト・ウェアでは、アメリカに大きく遅れをとっている。
（2）今日中にこの仕事をやりますと言ったものの、まだ半分もできていない。
（3）説明会に行ったものの、入社試験は受けなかった。
（4）適度な運動と食生活は体にいいとわかってはいるものの、なかなか実行できない。

（彭・守屋2005：244—245）

同时，《综合日语》第三册中的"解说·文法"中，「～もの（ん）だ・ですから＜原因、理由＞，（第105—106页）出现在第四课中，「～ものだ＜事物的本质＞，（第260页）出现在第九课中，「～もの＜强调原因、理由＞，（第292页）出现在第十课。彭·守屋编撰的《综合日语》（2006）第四册的第十四课的"解说·文法"中，介绍了

「ものだ＜感叹＞」和「～とはいうものの」的用法。因此，关于「ものの」的用法介绍也基本出现在本科二年级的前半学期，这也与“高年级大纲”（见上文2）中的规定不符。

## 4.「ものの」的用法

### 4.1「ものの」的意义

关于「ものの」的意思，日本文化厅（1971:1030）编撰的《外国人のための基本語用例辞典》中是这样表述的。

ものの（助詞）/二つの文を結ぶ。その場合、前の文を「それは本当だ。」と認めた上で、それから考えて、普通ならそうなるとは思われないような文が後に来る。活用語の④に続く。/→けれど（も）。①

其次，坪根（坪根1996:37）对于「ものの」是这样解释的。

「ものの」は「一般的に言って～だが、～」という逆説の意味で、後件は前件で示された状況下で一般的に考えられる結果に反する結果を表す。

### 4.2「ものの」的学习

① 表达功能方面

应该把「ものの」这个功能语本身所具有的意义和具体的语境、上下文中所表现的交流上的功能结合起来考虑。

对于「ものの」与「のに」「くせに」在语感上的差异，根据日本语教育学会（2005:171）的说明，「のに」「くせに」同属一个系列，而「ものの」与「が」「けれど」同属一个系列。除此之外，也有如下的分析。

例2：毎日練習している{のに/くせに/ものの}、ちっとも上達

---

①④ 指后接名词等形式，即这个词的基本型或连体形用法。

しない。

例句中,「のに」有说话者的意外感、惊讶和遗憾的感觉,「くせに」有说话者对当事者的非难、轻蔑、嘲讽的意味。与此相对,「ものの」的用法中有"在对前一句的事实认可的基础上,开始陈述与此相反的事情;从正面走到反面(或者从反面走向正面),前后句的评价相反"的意思。

另外,针对「ものの」同「が」和「けれど」的关系,有如下例句:

例3:学校を卒業したものの、就職先はない。(出自笔者)

在这个例句中,画线部分可以用「が」或者「けれど」来替代。但这并不是说相反情况,例句也一样成立。我们来看一下"对比"和"话题转换"的例子。

例4:昨日はバトミントンをした{が/けれど/(*)ものの}、今日はテニスをした。(出自笔者)

例5:話は変わる{が/けれど/(*)ものの}、花子さんは赤ちゃんがうまれたそうだ。(出自笔者)

因此,与其对学生做复杂的说明,不如简单地说明基本的规则和语义交流上的功能会比较好。

② 表现体系方面

对于中高级日语学习者来说,随着学习阶段的上升,慢慢从部分的学习走上整体性体系性的把握。因此,对于相近用法的体系整理也是相当必要的。以下的例句来自文化厅(1971:1027—1030)的整理。

●もの:用于口语中说明理由的句子句尾,让对方明白自己表述这个理由的心情和想法。用「だってーもの」「でもーもの」的形式表达的情况很多。女性和孩子的使用频率比较高。

(1)「どうして、今度の旅行に行かないんだ。」「だって、お金

がないんだもの。」

(2) 一緒に行ってくれない。一人で行くのは怖いもの。

(3) あなたにみんなお任せしますわ。あなただけが頼りなんですものね。

●ものか:「～か、決して～ない」的意义,用于强烈反对对方的言语和想法。口语中也用「もんか」「もの(もん)ですか」。接续在动词、形容词、形容动词、助动词的④后面。

(1) あなたのような嘘つきの言うことなど、信用するものか。

(2) 彼がどんなに足が速いからって、自動車より速く走れるものですか。

(3) 日本の夏などインドに比べたら暑いものか。

(4) 田中さんが親切なものか。

●もので:用于连接两个句子,前者为后者的原因和理由。口语中也用「もんで」。接续在动词、形容词、形容动词、助动词的④后面。

(1) 昨夜遅くまで起きていたもので、朝寝坊してしまいました。

(2) 子供があまりお腹が痛いと言うもので、医者に見てもらいに連れて行った。

(3) つい忙しかったもんで、お電話するのを忘れてしまいました。

●ものなら:口语中也用「もんなら」。1. 表示假设,表达前半句如果真是那样的话,那么后半句结果将是负面的意义。用「～う(よう)ものなら」来表示;2. 对于「～できる」这样的可能词语,表达「できないと思うがしたければしてみなさい。」这个意思。

(1) 私に黙って勝手なことをしようものなら、決して許しませんよ。

(2) 一人で行けるものなら、行ってみなさい。

●ものの:连接两个句子。这种情况下在认同前半句的事实的基础上,在后半句中表达“按照常理应该不会有如下展开”的意义。接续活用语④后面。

(1) 買い物には来たものの、高いものばかりなので、買うのがいやになってしまった。
(2) 体が弱い、弱いとはいうものの、まだ病気で学校を休んだことはない。

●ものを:连接两个句子,在这种情况下,表达同前半句设想的事情相反结果的句子在后面接续,对此表达出不满或者遗憾的情绪。接续活用语④后面。

(1) 汽車に遅れなければ、母の死に目に間に合ったものを、残念なことをした。
(2) そんなに上手に歌えるものを、なぜ歌わなかったのですか。
(3) ちょっと気をつければいいものを、不注意だから怪我をするのですよ。
(4) 言いたいことがあれば、言えばよさそうなものを、どうして言わないのだろう。

●ものだ:表达理所当然的意义。表达对于重复进行的动作、过去经历的回忆以及表达说话者的感慨之情。

(1) 水は高い所から低い所に流れるものだ。(出自笔者)
(2) 私、大学生のとき、よくテニスをしたものだ。(出自笔者)
(3)「万葉集」を読みこなすなんてよく勉強したものだ。(出自笔者)

根据坪根(1994)(1996)的说法,表达“解释说明”用法以外的

「ものだ」的用法包含了「一般的」这个共同的意思，这个功能语与作为终助词和接续助词的「もの」的用法相关联。因此，在这种情况下，除了根据例句对语法的体系整理外，结合句子本身的研究也非常必要。

③ 陈述性知识和程序性知识的关系

关于日语学习者外语学习的语言知识和语言运用方面，迫田(2002:63)曾经指出"日本語学習者にもこのような例は多く見られ、習っているにもかかわらず、使う段階では誤用を犯してしまう場合がある。知識はあるはずなのに、使えないのはなぜだろうか。"这是第二语言习得过程中关于理解和运用的关系，即便不能确切地运用语言，但也不能说就没有这个语言知识。如何从"陈述性知识"转化为"程序性知识"，即从理解到运用，从"知道"到"做到"应该进行体系性的指导。

毋庸置疑，日语学习者和非母语日语教师普遍都是"陈述性知识"比"程序性知识"形成更早。关于「ものの」的教学，存在以下几个问题：

(1) 大纲和教科书之间编撰的偏离；

(2)「もの」一系列实质语功能语用法之间的体系讲解欠缺；

(3) 比起一般的名词等词汇，这类实质语功能语的意义不明晰；

(4) 学习者无法判断能否正确使用；

(5) 语法理解和语法运用的关系；

正因为存在这些问题，像「ものの」这样的实质语功能语的掌握才比较困难。因此，这些要素妨碍了词语的掌握，学习者的印象也不是很深刻。为了学习者掌握"程序性知识"，对于句子，比如形式和意义的关系、文理的贯通、语境方面均应给予一定的重视。请看例1。

例1:「せる・させる」で訳されるのは「使字句」だけではない。例えば、A、把字句によるもの。B、言葉の使動法によるもの。もちろん、「使字句」ではないものの、「せる・

させる」文に訳される例文はその2種類のほかにも多くある。(摘自学生读书报告)

在例1中,虽然接续的用法是正确的,但是前后的意义连接并不准确。可以看出学生对于这个功能语的掌握并不是非常充分。因为输出比输入困难,教师应给予学生一定程度的提示,促进学生的记忆恢复和再现。

## 5. 结论

关于功能语「ものの」的知识可以说是"陈述性知识",比较困难。从语言能力方面来考虑,是一个人的"明晰语言知识",也是语言能力的一部分。然而,在语言运用层面上,如果使用就要正确地使用,将"陈述性知识"转化为"程序性知识",养成良好的沟通能力是最重要的。由于语法要素的意义是非常隐蔽的,并非一览无余,因此今后这个课题仍有待研究。

# 第2章　日语实质语功能语搭配研究

## 第1节　「こと」的搭配使用研究

### 1. 绪论

日语「こと」,既有实质语用法,又有功能语用法,对日语学习者来说全面把握它的用法需要一定的努力。关于"实质语功能语"的定义,绪论和王(2014a:64—65)指出:这是指既是实质语又是功能语的词,之所以这样定义是因为把能够变化成功能语的词限定在实质语的词汇之上,可以照顾其现代日本语演变前后的意义和语法关系,能够对其体系有一个整体性的了解。笔者认为对中高级日语学习者来说,在个别语言现象教学之上的整体体系性归纳是非常重要的。

关于搭配及其在语言教学中的重要性,本节不多赘述。仅想指出的是:日语中较长单位的所谓"词块"(本文使用搭配)研究尚存不足之处。杨(1999)指出了英语词汇的板块性及其对英语教学的启示,濮(2003)强调了教学中的类连接、搭配及词块在语言交际中的作用,这些均对日语教学有一定的启发。语言教育中语料库的作用之一是语料驱动学习(データ駆動型学習),即学习者自己使用语料库,发现语言用法,持续不断地学习。兰盖克(坪井译:2000)提出了以使用为基础的模式(使用依拠モデル),从认知角度,认为语言习得是现实发话中自下而上(ボトムアップ)通过实际使用习得的过程。

本节就现代日本语「こと」的书面语用法,关注其前后搭配关系,从母语使用者使用情况、日语教学角度把握其整体,期待对日语学习者能有一定的帮助。

## 2. 实质语功能语「こと」

### 2.1 日语教学角度

日本文化厅(1971:363—364)把「こと」分为名词和助词的用法。作为名词看待时,其意义分为:

(1)「問題、出来事、仕事」

例:大事な事を忘れていました。〔問題。仕事。〕

例:大変な事をしてしまった。〔出来事〕

(2)「事柄、価値」

例:それはとても難しいことです。〔事柄〕

例:高いお金を出しただけのことはある。〔価値〕

(3)「事実、事情、場合、様子」/漢字は使わない。/

例:朝は電車に乗れないことがあります。〔場合〕

例:そんなことがあったとは少しも知りませんでした。〔事実。事情。〕

例:そんなことではとても大学に入れません。〔様子〕

(4)「動作や状態を表わす」

例:人が大勢いて見ることができない。

例:悲しいことには、もうお金が全然ありません。

其中,(3)中还包括「こともある、～たことがある、ことにする、～たことにする、～ことに(と)なる」的用法。此外,书面语中还有表示"命令"的"助词"用法。例:明日は8時までに来ること。(364页)

文化厅的分类简洁易懂,便于掌握「こと」的主要和重要用法。其只分为大类名词,而无形式名词,这一点值得留意。

### 2.2 日语研究角度

关于「こと」,森田(1993:432—433)指出:"感覚器官によって把握されるだけの固定した客観的な存在は「もの」である。「こと」はあくまで人間とのかかわりあいによって生起し変動する現象や事態、さらには思考や表現によって形成される抽象的な存在などをいうのである。”森田还指出:「こと」与「もの」的「客観的な存在」相比,为「抽象的な存在」。「こと」首先是具有实质意义的名词,例:「いったん事あるときは……」「事を起こす」,这时的「こと」表示「生起し存在する現象として、漠然と表しているのであるが、語としては実質的概念を内に含んでいると見ていい」(森田 1993: 433)。此外,只具有形式意义的「こと」具有2种含义:

(1) 所谓形式名词的用法

例:ちょっとしたことが原因で二人は仲たがいしている。

例:どういうことでしょうか。私で分かることなら何でもお話しいたしましょう。

这些「こと」,「それだけでは漠然としているが、上にくる連体修飾語の働きによって「こと」の内容が具体的なものとなっている。この「こと」は「事柄」である。」(第433页)

(2) 使「文」「句」体言化的「こと」

例:人々のためになることに気が付いていない。

意思是「“ためになる”という用言的な状態形容を“ためになる状態や機能を有している実状”という体言的概念に変える働きの「こと」である。」(第434页)此外,森田提出有些句型也属于此种用法范围。在「~ことがある/~ことはない」「~ことができる/~ことはできない」「~ことになる/~ことにする」「~ことによる/~ことによって/~ことで」「~ことである/~ことだ」中亦得到体现。

另外,书面语中,表示命令意义的「こと」,属于「~ことだ」的用法之一。(第436页)

例:夏休みは大いに楽しむこと。

例:全員出席すること。

森田对「こと」做了详尽的描述,并结合「もの」「の」的用法进行

了比照分析，值得参考。有一点值得关注的是，森田“所谓形式名词的用法”，其例句之后指出，此时的「こと」是「事柄」之意；同时指出，「こと」具有使「文」「句」具有使之成为那种状态和功能的「実状」，因此，无论是「事柄」还是「実状」，其实都是具有一定意义的「実質的概念」。

基于以上情况，可否把「こと」按其表现形式做如下分类：(1)表示「事柄」等；(2)「ということ」中的「こと」；(3)句型「こと」；(4)表示命令；(5)「残念なことに」中的「こと」。那么，基于以上分类，学习者的具体使用情况和搭配情况如何呢？

## 3. 日语学习者使用情况

笔者对2010—2014年249名大学日语学习者提交的小作文、小论文进行了调查。调查对象：日语专业本科生、非日语专业本科生、非日语专业研究生，共计249名。分为专业与非专业两部分。

(1) 专业学生：学生总数105名。写作题材：日本語の使役表現について(专业3年级105名)。字数至少1000字。

(2) 非专业学生：学生总数144名。写作题材：夏休み(二外2学生45名)、日本語学習を通じて感じたこと(二外3学生68名、一外2学生8名、一外3学生7名)、日本語の語彙の覚え方について(研究生一外16名)。200～400字以内。

或许与作文题材有关，学生在使用过程中，使用例句数及「こと」搭配使用情况如下：

表1：日语学习者使用情况

| 大类 | 小类 | 专业学生(105名)单位：个 | 非专业学生(144名)单位：个 |
|---|---|---|---|
| 「事柄」など | 动词+こと | 106 | 46 |
| | 形容词+こと | 3 | 26 |
| | 形容动词+こと | 8 | 19 |
| | 名词+こと | 4 | 9 |
| | 副词+こと | 1 | 2 |
| | 连体词+こと | 5 | 5 |

| 「ということ」 | | 29 | 0 |
|---|---|---|---|
| 句型 | ことがある | 23(る形) | 11(る形7+た形4) |
| | ことができる | 58 | 21 |
| | ことにする | 2 | 11 |
| | ことになる | 5 | 3 |
| 命令 | | 1 | 0 |
| 「残念なことに」 | | 0 | 0 |
| 总数 | | 245 | 153 |

学生使用倾向可以看出:

(1) 无论是专业学生,还是非专业学生,使用「こと」时,无一使用汉字「事」,这表明学习者对「こと」是实质名词还是形式名词并无明显认知。

(2) 无论是专业学生还是非专业学生,表示「事柄など」以及对类似「ことがある/ことができる/ことにする/ことになる」这样的语法句型使用较多,专业学生还较多地使用「ということ」。

(3) 所谓只具有形式意义的「こと」「残念なことに」没有使用,非专业学生则没有使用「ということ」。

## 4. 日语语料库中的搭配使用及分析

截至目前,笔者尚未发现有较长的搭配使用研究。对此,笔者对日语语料库中的搭配使用做了调查,日语语料库使用日本国立国语研究所(2011)『現代日本語書き言葉均衡コーパス』(BCCWJ)中纳言。在调查搭配使用之前,笔者首先对中俣(2014)进行了考察,并与学习者经常使用的情况进行了比对,情况如下。

### 4.1 中俣(2014)与日语学习者使用情况

中俣(2014)使用此语料库(BCCWJ),就「こと」前一动词基本型与作为功能语的「こと」句型「ことがある」「ことができる」「こと

にする」「ことになる」的搭配使用进行了调查，并把自己的研究结果与在日本出版的7种日语教科书中常用的前一动词进行了比对。

以下动词是每种句型中前接动词的前10位，数字是句型中动词的总数量及前10位动词的百分比总和。表5及以下章节中，中俣表情况相同。[①]

**表2:笔者对中俣(2014)(る形)的总结**

| 排序 | ことがある | ことができる | ことにする | ことになる |
|---|---|---|---|---|
| 数量(个)、比率(%) | 10625(35.34) | 58423(19.71) | 6943(25.93) | 2859(41.06) |
| 1 | なる | する | 言う | 言う |
| 2 | する | 見る | 行く | する |
| 3 | 言う | 行う | する | 行く |
| 4 | 思う | 知る | 見る | 受ける |
| 5 | 来る | 言う | 呼ぶ | 行う |
| 6 | 出る | 受ける | 使う | 持つ |
| 7 | 感じる | 考える | とる | 来る |
| 8 | できる | 得る | 待つ | 与える |
| 9 | 生じる | 作る | 述べる | 見る |
| 10 | 見る | とる | 行う | やる |

关于这4种句型，日语学习者使用情况与之相对应如下：

**表3:专业日语学生使用情况(る形)**

| 项目及数量 | ことがある(23) | ことができる(58) | ことにする(2) | ことになる(5) |
|---|---|---|---|---|
| 重合 | なる、言う | 考える | 呼ぶ | する |
| 非重合 | 「表わす、用いる」等 | 「話す、まとめる、言い換える、表現する、表す、使用する、理解する、判別する、定義する、訳す、察する」等 | 研究する | 表わす、訳す、遊ぶ、置かれる |

① 以下动词是每种句型中前接动词的前10位，数字是句型中动词的总数量及前10位动词的百分比总和。表5及以下章节中，中俣表情况相同。

**表 4:非专业日语学生使用情况(る形)**

| 项目及数量 | ことがある(7) | ことができる(21) | ことにする(11) | ことになる(3) |
| --- | --- | --- | --- | --- |
| 重合 | 見る | 言う | 行く | 行く、見る |
| 非重合 | 「読む」等 | 「泳ぐ、話す、学ぶ、使う」等 | 「休む」等 | 書く |

**表 5:笔者对中俣(2014)(た形)的总结**

| 排序 | ことがある | ことがない |
| --- | --- | --- |
| 数量(个)、比率(%) | 11437(47.49) | 8125(50.35) |
| 1 | 聞く | 見る |
| 2 | 見る | 聞く |
| 3 | する | する |
| 4 | 行く | 行く |
| 5 | なる | 会う |
| 6 | 思う | 考える |
| 7 | 来る | やる |
| 8 | 読む | 経験する |
| 9 | 言う | 越す |
| 10 | 会う | 使う |

此次提交的小作文小论文中,「る形」按句型分开,其使用情况如下,「なる、言う、見る;考える、言う;呼ぶ、行く;する、行く、見る」与中俣(2014)重合。同时,专业日语学生没有使用「た形」,而非专业日语学生中,只出现「聞いたことがある、勉強したことがあります、受け取ったことがあります、練習したことはありません」4个,其中「聞く」与中俣(2014)重合。

4.2 BCCWJ中的「こと」搭配情况

笔者使用日本国立国语研究所(2011)『現代日本語書き言葉均衡コーパス』(BCCWJ)中纳言进行调查,本节中,BCCWJ的具体选取方法、调查操作规则如下:

(1) 中纳言短单位检索语汇素,下载txt文本文档,转成excel。下载下来的txt文本文档转成excel后只显示上限10万个数据库中随机抽取的数据。因为只显示到上限为10万之内的词,而实际情况本书中应该有超过10万的搭配,因此对所有资料不做百分比的分析。

(2) 以节点词"X"为中心,前2+前1+X+后1+后2为一个搭配单位,或者叫跨距。逗号、句号、顿号等为一个单位计算在内,这样便于观察是否结句。与短词搭配研究不同的是,在长词搭配中,助词、助动词、逗句号等同样应成为要考察的对象,算作一个单位。相对于必要成分来讲,它们有可能是附加成分,但也是长词搭配研究中必不可少的信息。

(3) 搭配资料表格左右两部分,左侧:以节点词为中心的搭配,排列顺序从上到下分别为,共现频次最高到最低。右侧:以节点词为中心的搭配频次,由高到低排序。

(4) 本节中有关搭配数量的分析等于最后"资料篇"中的数量,出现频次30次。需要说明的是:本书在分析时,原则上以总出现数5万为分界线,5万以上选到100次,5万以下尽量选到50次的单位。由于「こと」数量的问题,选到30次。

(5) 由于日语中汉字与假名混用等情况,故「別にみると」「別に見ると」一起计算,数量累加,使用「別に見ると」标示;「頼んで」「たのんで」2个词中,以使用汉字的一起计算,其他动词类推。名词「こと」「ほう」则把使用汉字的词放入以假名标记的词中一起计算。整合到同一个词条下的结果是,使得该词条的使用范围得到一定程度的扩大,从而其使用频率也随之增加。

(6) 「目(め)」「眼(め)」分别计算。不好把握的单独计算,例如:「よんで」是「読んで」还是「呼んで」,不好区分时,按3个词计

算。サ变动词计算成「確認し＋て」「確認さ＋せ＋て」,全部是分开的单位。「ておい+た」,活用后的「た」单独计算。

(7) 本书是对现代日语的研究,去除「言ふもの」这样的词。

(8) 日语资料中的「、」「,」,以「、」统一。

笔者以此语料库为对象,按照以上规则进行了调查。

表 6:BCCWJ中的「こと」搭配情况

| 「こと」搭配 | 统计 |
|---|---|
| 总计 | 97252 |
| と いう ことは 、 | 847 |
| と いう ことに なる | 588 |
| と いう ことで ある | 472 |
| と いう ことです。 | 321 |
| と いう ことで、 | 304 |
| と いう ことに なっ | 278 |
| と いう ことに なり | 219 |
| と いう ことだ。 | 212 |
| と いう ことだった | 164 |
| と いう ことで は | 153 |
| と いう ことを、 | 153 |
| ている ことは、 | 152 |
| と いう ことが、 | 144 |
| と いう ことな の | 139 |
| したことがある | 129 |
| したことは、 | 112 |
| される ことに なっ | 111 |
| 。この ことは、 | 105 |
| と いう ことで あっ | 104 |
| である ことは、 | 103 |
| ている ことで ある | 95 |

| ている ことに なる | 90 |
|---|---|
| される ことに なる | 89 |
| 見たことがない | 70 |
| という ことは ない | 69 |
| 聞いた ことが ある | 67 |
| いたことは、 | 65 |
| てみる ことに し | 64 |
| 見たことがある | 64 |
| という ことに つい | 63 |
| である ことを、 | 61 |
| もさる ことながら、 | 60 |
| ている ことを、 | 58 |
| ている ことが わかる | 57 |
| ている ことが 多い | 56 |
| どういうこと なの | 56 |
| どうすること もでき | 56 |
| ている ことを 知っ | 55 |
| という ことも ある | 55 |
| を見る ことが できる | 55 |
| ている ことが わかっ | 54 |
| という ことも、 | 52 |
| したことになる | 51 |
| という ことで あり | 51 |
| ている ことが 、 | 49 |
| という ことですね | 49 |
| ような ことは 、 | 49 |
| という ことが できる | 48 |
| という ことでした | 48 |
| という ことは あり | 48 |
| れたことがある | 48 |

| | |
|---|---|
| したことがあり | 47 |
| いたことになる | 46 |
| という　ことが　わかっ | 46 |
| 年のことである | 45 |
| である　ことが　わかっ | 44 |
| という　ことも　あり | 44 |
| 当然の　ことながら、 | 44 |
| という　ことで　あろう | 43 |
| ような　ことをし | 43 |
| させる　ことが　できる | 42 |
| という　ことに　し | 42 |
| という　ことに　なろう | 42 |
| という　ことも　あっ | 42 |
| したことが、 | 41 |
| ていく　ことに　なる | 41 |
| という　ことが　ある | 41 |
| 見たこともない | 41 |
| したことがあっ | 40 |
| したことで、 | 40 |
| ている　ことが　ある | 40 |
| という　ことが　でき | 40 |
| という　ことに　は | 40 |
| 。この　ことは　、 | 39 |
| させる　ことが　でき | 39 |
| される　ことに　なり | 39 |
| ている　ことから、 | 39 |
| という　ことに　、 | 39 |
| いたことがわかる | 38 |
| という　ことだろう。 | 38 |
| という　ことで　も | 38 |

| になる こと が 多い | 38 |
|---|---|
| という こと ですが | 37 |
| という こと を 知っ | 37 |
| 、そんなこと はない | 36 |
| あった ことは、 | 36 |
| という こと ですか | 36 |
| をする ことに なっ | 36 |
| したことである | 35 |
| ている ことに なり | 35 |
| れたことは、 | 35 |
| 驚いた ことに、 | 35 |
| 聞いた ことが あり | 35 |
| 重要な ことは 、 | 35 |
| 「そんなこと はない | 34 |
| したことのない | 34 |
| である ことが わかる | 34 |
| てしまうこと になる | 34 |
| という ことな ん | 34 |
| ならないこと は、 | 34 |
| ような ことがあっ | 34 |
| 。その ことは、 | 33 |
| したことがない | 33 |
| したこともあっ | 33 |
| という ことに なれ | 33 |
| という ことは 、 | 33 |
| という ことも ない | 33 |
| ような ことはし | 33 |
| である ことを 知っ | 32 |
| てもらうこと にし | 32 |
| という ことだけで | 32 |

| | |
|---|---|
| したこともある | 31 |
| ている ことに 気づい | 31 |
| という ことと、 | 31 |
| という ことに も | 31 |
| とのことだった | 31 |
| ような ことを 言っ | 31 |
| 大切な ことは、 | 31 |
| にする ことができる | 30 |
| 残念な ことに、 | 30 |

调查结果显示,「～ということ」使用最多。同时,动词「言う、する、見る、聞く、いる、なる、ある、驚く、しまう、もらう」,名词「年」,副词为主的「当然」,形容动词搭配的「重要なことは、大切なことは、残念なことに」使用较多。由此看到了一定的语言使用情况。

## 5. 结论

(1) 关于「こと」的搭配使用情况,笔者的调查与中俣、BCCWJ有重合一致的地方。表明无论是什么小作文小论文题材,最基本动词的使用会有重合。

(2) 实质语功能语「こと」更多的是无合适或无必要的中文对译表现;同时与语法搭配的句型相比,对日语学习者来说,不常使用、不使用或不太会使用的部分比较困难,例如:「残念なことに」。

(3) 长一点单位的搭配学习十分重要,可以使学习者更地道、更准确、更充分考虑其使用语境学好日语。相信研究结果对日语教学标准及教材编写会起到一定的积极作用。

(4) 对"语料驱动学习""以使用为基础的模式学习"的研究、具体搭配情况的进一步分析、如何加快搭配教学,更需要进一步的探讨。

(5) 与「もの、の」的对比、口语中「こと」用法的研究也将成为

今后的研究课题。与中国日语教科书中搭配使用的对比将作为今后的研究课题。

## 第2节　所谓“补助动词”「ある、いる、いく、くる；あげる、やる、くれる、くださる、もらう、いただく」的搭配使用研究

### 1. 绪论

对于初级日语学习者来说,基础阶段中对个别词汇·语法现象的学习已经掌握到一定的程度。而对中高级水平日语学习者来说,无论是专业学生还是非专业学生,均不擅长把单词按照词汇意义或者语法意义加以归类,因此体系性的归纳总结十分重要,这在王(2007:37)中已经得到证实。笔者将在本书中对「ある、いる、いく、くる;やる、あげる、くれる、くださる、もらう、いただく」这些实质语功能语的搭配使用进行研究,兼顾「おく、みる、しまう」(王2015a)研究成果,期待对日语研究和日语教学研究起到积极的作用。

### 2. 研究框架及先行研究

2.1 实质语功能语及分类标准

笔者使用的“实质语功能语”这个词在绪论和王(2014a:64—65)中已有论述。把「ある、いる、いく、くる;おく、みる、しまう;やる、あげる、くれる、くださる、もらう、いただく」这13个“补助动词”放在一起研究,其原因如下。

(1) 三宅(2005)对「文法化」(语法化)现象的各种表现形式进行了归纳总结。笔者选中其中「助動詞化」第4类「テ形接続の補助動詞」为研究对象,探讨其现代日语用法的关系。从共时研究角度,把

这13个词放在一起。这些词既有实质语用法又有功能语用法;所谓既有单纯动词用法,又有补助动词用法。由于篇幅所限,本书只涉及其共时研究,不涉及其历时研究。同时,「差し上げる」这样的复合动词予以省略。

(2) 这13个词既是实质语又是功能语,但是用法上既有区别又有关联。因此,笔者参考先行研究,分为3组加以探讨。寺村(1984)从「アスペクト」研究角度,把「ている、てある、てくる、ていく、てしまう」划分进「二次的アスペクト」。森田(1971)把「ておく、てみる、てしまう」放在一起,从「動作の起こり方」上探讨「てしまう、ておく、てみる、た」的用法。此外,关于「やる、あげる;くれる、くださる;もらう、いただく」,这些实质语功能语不仅有"恩惠"意义,同时承担一定的"语法功能"。正如山田(2004:3)指出:「テヤル・テクレル・テモラウなどの形式群は次のような3つの特徴を共有する。1つは恩恵という意味である。テヤル・テクレル・テモラウは非恩恵的な用法を持つが,基本的には恩恵の授受を表す形式である。もう1つはこのような恩恵を含んだ形式として能動—受動・使役というヴォイス的な交替を持つことである。最後の1つは,テヤル・テクレル・テモラウを含む文の項と項の間にある一定の方向性に関する制約を持つことである。」3位学者均从各个角度阐述了它们的归类和论述准则。

吉田(2012)从「アスペクト」「モダリティ」角度,把「ておく、てみる、てしまう」归入一类,谈及了其与其他"补助动词"的关联。「ておく、てみる、てしまう」位于「てある、ている、ていく、てくる」与「てやる、てくれる、てもらう」中间,拥有「アスペクト」「モダリティ」性质。「てある、ている、ていく、てくる」表示前接动词本身的「遂行段階」「内部構造」;「てやる、てくれる、てもらう」则是表示对前接动词的「態度」,即「モダリティ」。而「ておく、てみる、てしまう」对表动作、事态的动词进行整体把握,它们虽然关注时间经过,但与前接动词一起使用时,不引起动作、事态本身情况的变化,其关注时间(「時間への関心」)这一点与「てある、ている、ていく、てくる」相同。但对事态整体把握(事態のまるごと把握)这一点与「て

やる、てくれる、てもらう」有相同之处，然而又不像它们有时会引起事态信息的变化。

例1：彼は日本海事新聞社という業界紙の新聞社に勤めている。そして、ここで『船長物語』や『機関長物語』という、彼の精神とは余り関係のなさそうなものを書いているが、精神が強靭で健康でなければ、こんなものは到底書けるものではないだろう。（BCCWJ：松本昭夫：1997『精神病棟の二十年その後』新潮社）

例2：左クリックしながら元通りの場所に配置し直したら、表示⇒ツールバー⇒ツールバーを固定する、にチェックを入れておくと不用意に動いてしまうのを防ぐことができます。（BCCWJ：2005：Yahoo！知恵袋）

例3：旅行に行ったときに、その土地の方言を教えてもらうのもいいでしょう。今までにあげたのをヒントにして、調べるテーマを探してみてください。（BCCWJ：井上文子：2003　国立国語研究所編『ことばの地域差』　財務省印刷局）

例1「書く」「書いている」存在「アスペクト」的差异；例2「入れる」「入れておく」、「動く」「動いてしまう」中有无「おく」「しまう」，信息价值、意义并无巨大差异；例3「教える」「教えてもらう」、「あげる」「教えてもらう」，其对命题的「モダリティ」有所不同。

这13个实质语功能语，基于以上形式与意义的关联性，笔者把它们归在一起，从学习角度共同讨论。

### 2.2 实质语功能语的搭配、语料库研究

关于搭配及其在语言教学中的重要性，本书不多赘述。仅想指出的是：笔者参考了三好（2007）（2011）、王・曹（2012）、李文平（2014）后发现，较长单位的所谓“词块”“语块”（本文使用搭配）研究尚存不足。日语先行研究在论述以上13种语言现象时，分析中涉及前接一个动词与这些“补助动词”的搭配。截至目前，尚没有长词

搭配，所谓"词块"或"语块"的语料库搭配使用研究，这一点相对我国英语教学还十分落后。而杨(1999)指出了英语词汇的板块性及其对英语教学的启示，濮(2003)强调了教学中的类连接、搭配及词块在语言交际中的作用，这些均对日语教学有一定的启发。

正如本章第1节指出的，语言教育中语料库的作用之一是语料驱动学习(データ駆動型学習)，既学习者自己使用语料库，发现语言用法，持续不断地学习。兰盖克(坪井译:2000)提出了以使用为基础的模式(使用依拠モデル)，从认知角度，认为语言习得是现实发话中自下而上(ボトムアップ)通过实际使用习得的过程。

由于这13个实质语功能语的搭配有可能结句，而日语是SOV语言，其谓语的重要性不言而喻，因此，具体搭配使用的语料库调查和研究就愈发重要。通过这样的调查，便于学习者掌握其使用方法和教学工作者今后的教材编写。

2.3 先行研究(对中俣2014的总结:出自笔者)

**表1:中俣(2014)「てある、ている、ていく、てくる」**

| 排序 | てある | ている | ていく | てくる |
|---|---|---|---|---|
| 数量(个)、<br>比率(%) | 15088<br>(55.37%) | 98511<br>(24.91%) | 66242<br>(22.02%) | 96995<br>(40.84%) |
| 1 | 書く | する | なる | 出る |
| 2 | 置く | なる | する | なる |
| 3 | する | 思う | 生きる | する |
| 4 | はる | 言う | 進める | 見える |
| 5 | 飾る | 持つ | やる | 聞こえる |
| 6 | かける | 知る | 考える | 見る |
| 7 | 入れる | 考える | 作る | 変わる |
| 8 | とる | 見る | 見る | 生まれる |
| 9 | 記す | 行う | 変わる | 行う |
| 10 | 止める | 使う | 消える | 増える |

表2:中俣(2014)「てあげる、てやる、てくれる、てもらう」

| 排序 | てあげる | てやる | てくれる | てもらう |
|---|---|---|---|---|
| 数量(个)、比率(%) | 8453<br>(34.61%) | 6187<br>(27.17%) | 59040<br>(29.80%) | 26469<br>(27.28%) |
| 1 | する | する | する | する |
| 2 | 教える | 見る | 来る | 教える |
| 3 | 作る | 教える | 教える | 見る |
| 4 | 聞く | 持つ | 言う | やる |
| 5 | 言う | かける | やる | 行く |
| 6 | 行く | 入れる | 見せる | 見せる |
| 7 | 見せる | 言う | 与える | 聞く |
| 8 | 買う | 見せる | 聞く | わかる |
| 9 | 見る | つける | 話す | 買う |
| 10 | 褒める | 来る | 作る | 送る |

## 3. 具体操作方法

笔者使用日本国立国语研究所(2011)『現代日本語書き言葉均衡コーパス』(BCCWJ)中纳言进行调查,本节中BCCWJ的具体选取方法、调查操作规则如下:

(1) 中纳言短单位检索语汇素,下载txt文本文档,转成excel。下载下来的txt文本文档转成excel后只显示上限10万个数据库中随机抽取的数据。因为只显示到上限为10万之内的词,而实际情况应该有超过10万的搭配,因此对资料不做百分比的分析。

(2) 以节点词"X"为中心,前2+前1+X+后1+后2为一个搭配单位,或者叫跨距。逗号、句号、顿号等为一个单位计算在内,这样便于观察是否结句。与短词搭配研究不同的是,在长词搭配中,助词、助动词、逗句号等同样应成为要考察的对象,算作一个单位。相对于必要成分来讲,它们有可能是附加成分,但也是长词搭配研究中必不可少的信息。

(3) 搭配资料表格左右两部分,左侧:以节点词为中心的搭配,排列顺序从上到下分别为,共现频次最高到最低。右侧:以节点词为中心的搭配频次,由高到低排序。

(4) 本节中有关搭配数量的分析少于最后"资料篇"中的数量。需要说明的是:本节在分析时,原则上以总出现数5万为分界线,5万以上选到100次,5万以下尽量选到50次的单位。由于有些项目数量的问题,「でいる」选到100次;「てくれる、てくださる」选到50次;「てもらう」选到30次等。次数均为数字以上的次数。

(5) 由于日语中汉字与假名混用等情况,故「別にみると」「別に見ると」一起计算,数量累加,使用「別に見ると」标示;「頼んで」「たのんで」两个词中,以使用汉字的一起计算,其他动词类推。名词「こと」「ほう」则把使用汉字的词放入以假名标记的词中一起计算。整合到同一个词条下的结果是,使得该词条的使用范围得到一定程度的扩大,从而其使用频率也随之提高。

(6) 「目(め)」「眼(め)」分别计算。不好把握的单独计算,例如:「よんで」是「読んで」还是「呼んで」,不好区分时,按3个词计算。サ变动词计算成「確認し+て」「確認さ+せ+て」,全部是分开的单位。「ておい+た」,活用后的「た」单独计算。

(7) 本书是对现代日语的研究,去除「言ふもの」这样的词。

(8) 日语资料中的「、」「,」,以「、」统一。

(9) 有些搭配中,「いる」会包含「おる」,「いく」会包含「ゆく」。

笔者以此语料库为对象,按照以上规则进行了调查。

## 4. 语料库调查

### 4.1「ある、いる、いく、くる」

#### 4.1.1「ある」

「ある」

| 「ある」搭配 | 统计 |
|---|---|
| 总计 | 100000 |
| こと が あり ます 。 | 368 |
| こと は あり ませ ん | 214 |

| 必要 が あり ます 。 | 214 |
|---|---|
| こと も あり ます 。 | 175 |
| 」と ある の は | 146 |
| 必要 が ある 。 | 139 |
| 場合 が あり ます 。 | 111 |
| こと も あっ た 。 | 100 |

「てある」

| 「てある」搭配 | 统计 |
|---|---|
| 总计 | 1845 |
| と 書い て あり まし た | 16 |
| と 書い て あり ます 。 | 14 |
| が 書い て あっ た 。 | 12 |

「である」

| 「である」搭配 | 统计 |
|---|---|
| 总计 | 4685 |
| 積ん | 131 |

4.1.2「いる」

「いる」

| 「いる」搭配 | 统计 |
|---|---|
| 总计 | 100000 |
| し て い ます 。 | 1748 |
| し て い た 。 | 1353 |
| し て いる 。 | 1185 |
| れ て い ます 。 | 1072 |
| れ て い た 。 | 705 |
| れ て いる 。 | 637 |
| なっ て いる 。 | 530 |
| し て い た の | 521 |
| なっ て い た 。 | 517 |
| なっ て い ます 。 | 510 |

| していました | 400 |
|---|---|
| 考えております。 | 312 |
| 思っています。 | 295 |
| れているが、 | 283 |
| しているが、 | 260 |
| しております。 | 255 |
| しているという | 234 |
| していて、 | 231 |
| られていた。 | 223 |
| られています。 | 214 |
| 思っております。 | 209 |
| していたが | 207 |
| れていました | 192 |
| れていたの | 190 |
| していたと | 161 |
| していますが | 161 |
| しているので | 157 |
| れていて、 | 156 |
| していたこと | 155 |
| れているという | 154 |
| られている。 | 153 |
| 思っていたの | 146 |
| れていない。 | 143 |
| していません | 137 |
| していなかった | 136 |
| していない。 | 134 |
| 考えています。 | 130 |
| れていますが | 127 |
| いたしております。 | 126 |
| れていたが | 123 |
| している。また | 121 |
| れております。 | 121 |
| していると、 | 119 |
| 見ていた。 | 116 |
| 考えていた。 | 115 |
| 思っていた。 | 113 |

| | |
|---|---|
| なっております。 | 111 |
| なっていました | 110 |
| 行っています。 | 106 |
| していないの | 103 |
| している。この | 103 |
| なっていたの | 101 |

「ている」

| 「ている」搭配 | 统计 |
|---|---|
| 总计 | 86380 |
| されています。 | 537 |
| になっていた。 | 377 |
| されている。 | 356 |
| となっている。 | 331 |
| になっています。 | 282 |
| と思っています。 | 240 |
| されていた。 | 207 |
| としている。 | 188 |
| をしていた。 | 169 |
| としていた。 | 148 |
| となっています。 | 143 |
| にしています。 | 135 |
| に考えております。 | 134 |
| になっている。 | 131 |
| をしています。 | 130 |
| と考えております。 | 129 |
| と思っていたの | 117 |
| と思っております。 | 117 |
| されているが、 | 103 |

「でいる」

| 「でいる」搭配 | 统计 |
|---|---|
| 总计 | 46603 |
| 住ん | 4771 |
| 進ん | 2159 |

| | |
|---|---|
| 呼ん | 2009 |
| 並ん | 1950 |
| 読ん | 1910 |
| 飲ん | 1597 |
| 悩ん | 1593 |
| 遊ん | 1113 |
| 取り組ん | 1078 |
| 楽しん | 1026 |
| 望ん | 980 |
| 含ん | 920 |
| 死ん | 761 |
| 喜ん | 680 |
| 苦しん | 642 |
| 潜ん | 623 |
| 浮かん | 555 |
| 飛ん | 503 |
| 及ん | 470 |
| 結ん | 444 |
| 思い込ん | 425 |
| 叫ん | 394 |
| 混ん | 364 |
| 休ん | 350 |
| 学ん | 337 |
| 泳い | 332 |
| 営ん | 326 |
| 次い | 301 |
| 選ん | 292 |
| よん | 282 |
| つかん | 281 |
| 落ち込ん | 266 |
| 運ん | 259 |
| 憎ん | 256 |
| 沈ん | 255 |
| 思いこん | 248 |
| 絡ん | 237 |
| 騒い | 228 |

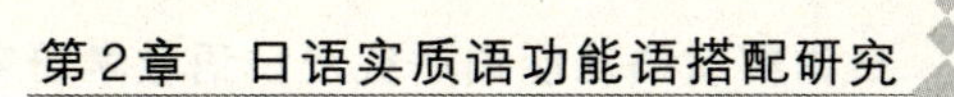


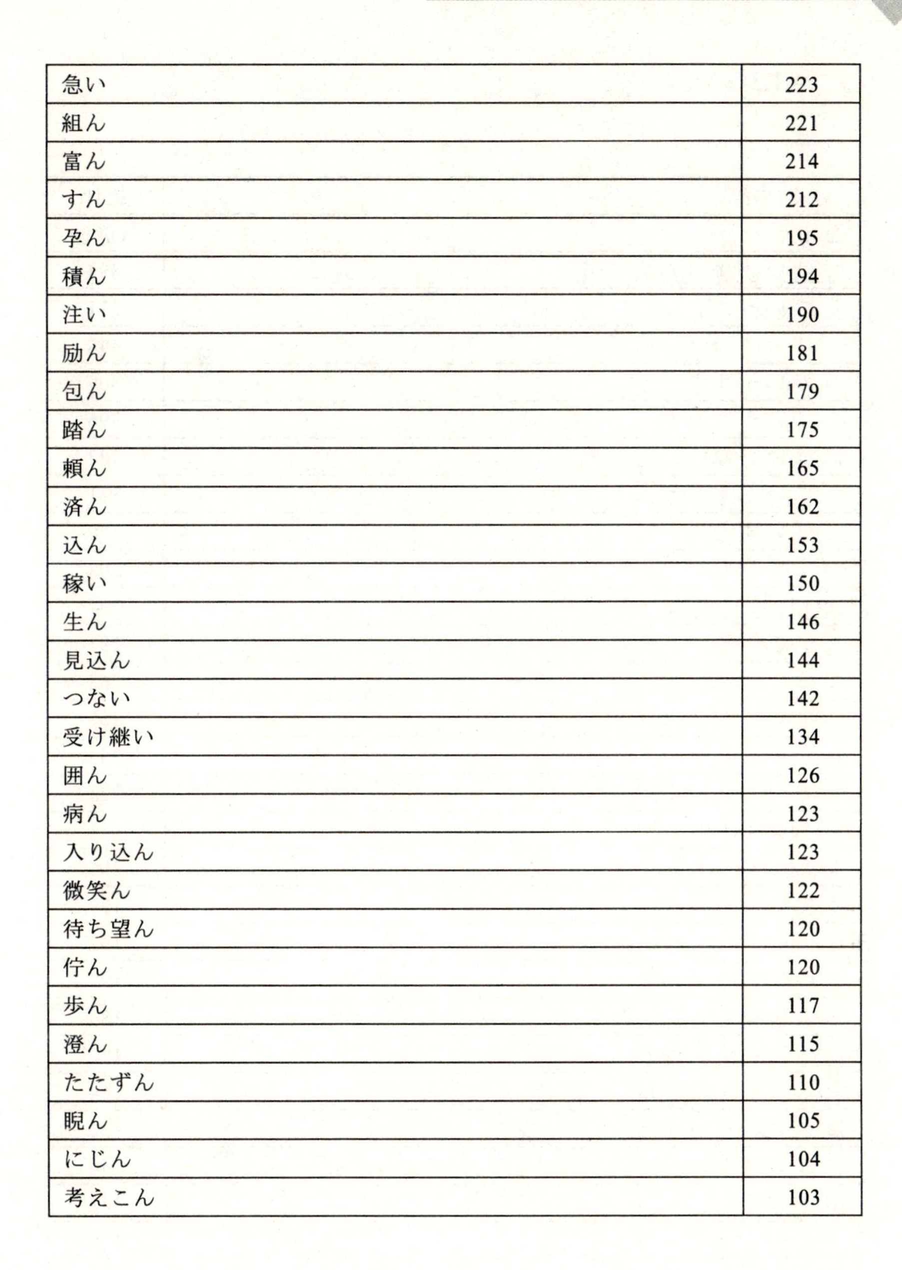

| 急い | 223 |
| --- | --- |
| 組ん | 221 |
| 富ん | 214 |
| すん | 212 |
| 孕ん | 195 |
| 積ん | 194 |
| 注い | 190 |
| 励ん | 181 |
| 包ん | 179 |
| 踏ん | 175 |
| 頼ん | 165 |
| 済ん | 162 |
| 込ん | 153 |
| 稼い | 150 |
| 生ん | 146 |
| 見込ん | 144 |
| つない | 142 |
| 受け継い | 134 |
| 囲ん | 126 |
| 病ん | 123 |
| 入り込ん | 123 |
| 微笑ん | 122 |
| 待ち望ん | 120 |
| 佇ん | 120 |
| 歩ん | 117 |
| 澄ん | 115 |
| たたずん | 110 |
| 睨ん | 105 |
| にじん | 104 |
| 考えこん | 103 |

### 4.1.3「いく」

「いく」

| 「いく」搭配 | 统计 |
|---|---|
| 总计 | 100000 |
| て は いけ ません | 593 |
| し て いっ た 。 | 531 |
| て は いけ ない 。 | 448 |
| し て いき ます 。 | 409 |
| し て いく こと が | 396 |
| に は いか ない 。 | 382 |
| し て いく と いう | 371 |
| て は いけ ない と | 370 |
| し て いき たい と | 303 |
| なけれ ば いけ ない と | 297 |
| なっ て いっ た 。 | 281 |
| て は いけ ない の | 268 |
| し て いか なけれ ば | 257 |
| れ て いっ た 。 | 233 |
| し て いく 必要 が | 225 |
| なけれ ば いけ ない の | 221 |
| なけれ ば いけ ない 。 | 205 |
| 出 て いっ た 。 | 199 |
| なけれ ば いけ ませ ん | 193 |
| に は いき ませ ん | 192 |
| し て いく ため に | 180 |
| ない と いけ ない の | 180 |
| ない と いけ ませ ん | 164 |
| に は いか なかっ た | 152 |
| て は いけ ない 」 | 146 |
| 出 て 行っ た 。 | 141 |
| し て いっ た の | 138 |
| し て いく こと に | 136 |
| に は いか ない の | 125 |
| 入っ て いっ た 。 | 125 |
| て は いけ ない 、 | 117 |
| て は いけ ない こと | 112 |

| している。 | 111 |
|---|---|
| ないといけない。 | 109 |
| 歩いていった。 | 101 |

「ていく」

| 「ていく」搭配 | 统计 |
|---|---|
| 总计 | 43986 |
| になっていった。 | 164 |
| を出ていった。 | 115 |
| されていった。 | 93 |
| をしていくという | 73 |
| に入っていった。 | 72 |
| をしていきたいと | 66 |
| をしていかなければ | 61 |
| を図っていくことが | 50 |

「でいく」

| 「でいく」搭配 | 统计 |
|---|---|
| 总计 | 6128 |
| 進ん | 924 |
| 飛ん | 744 |
| 死ん | 526 |
| 取り組ん | 357 |
| 沈ん | 193 |
| 運ん | 159 |
| 読ん | 139 |
| 学ん | 123 |
| 膨らん | 92 |
| 歩ん | 78 |
| つない | 77 |
| 飛び込ん | 69 |
| 泳い | 61 |
| 選ん | 58 |
| 突っ込ん | 50 |

### 4.1.4「くる」

「くる」

| 「くる」搭配 | 统计 |
|---|---|
| 总计 | 100000 |
| してきた。 | 1141 |
| やってきた。 | 684 |
| れてきた。 | 677 |
| なってきた。 | 653 |
| してきました | 624 |
| なってきている | 480 |
| してきたの | 475 |
| なってきました | 417 |
| してきている | 390 |
| 出てきた。 | 388 |
| 出てきます。 | 348 |
| 入ってきた。 | 276 |
| 出てきて、 | 255 |
| 出てきました | 252 |
| 行ってきました | 247 |
| れてきました | 241 |
| やってきて、 | 238 |
| してきたが | 217 |
| なってきます。 | 214 |
| 出てきたの | 205 |
| れてきたの | 201 |
| やってきたの | 194 |
| してきたこと | 191 |
| 戻ってきた。 | 189 |
| なってきたの | 185 |
| 聞こえてきた。 | 179 |
| れてきている | 170 |
| してきたと | 159 |
| 出てきている | 157 |
| してきます。 | 155 |
| してきて、 | 148 |
| られてきた。 | 148 |

| やってきました | 145 |
|---|---|
| 帰ってきました | 140 |
| なってくる。 | 134 |
| 出てこない。 | 134 |
| なってきてい | 127 |
| れてきたが | 121 |
| 帰ってきた。 | 118 |
| 返ってきた。 | 113 |
| 見えてきた。 | 113 |
| 出てくるので | 104 |
| してくる。 | 102 |
| やって来たの | 102 |

「てくる」

| 「てくる」搭配 | 统计 |
|---|---|
| 总计 | 74489 |
| になってきた。 | 359 |
| されてきた。 | 290 |
| になってきている | 227 |
| になってきました | 219 |
| が出てきた。 | 192 |
| が出てきます。 | 186 |
| が出てきて、 | 147 |
| がやってきた。 | 137 |
| が出てきました | 135 |
| にやってきた。 | 133 |
| が聞こえてきた。 | 132 |
| に行ってきました | 131 |
| になってきます。 | 128 |
| に入ってきた。 | 105 |
| がやってきて、 | 102 |
| されてきている | 100 |

「でくる」

| 「でくる」搭配 | 统计 |
|---|---|
| 总计 | 8348 |

| 飛ん | 927 |
|---|---|
| 運ん | 639 |
| 浮かん | 604 |
| 飛び込ん | 501 |
| 進ん | 273 |
| 取り組ん | 217 |
| 呼ん | 195 |
| 楽しん | 169 |
| 絡ん | 155 |
| 歩ん | 140 |
| 入り込ん | 129 |
| 乗り込ん | 127 |
| 学ん | 120 |
| 飛びこん | 114 |
| 流れ込ん | 92 |
| 突っ込ん | 88 |
| 遊ん | 83 |
| 頼ん | 79 |
| 駆け込ん | 70 |
| 割り込ん | 66 |
| 読ん | 60 |
| 乗りこん | 53 |
| 嫁い | 53 |
| 舞い込ん | 53 |

## 4.2「あげる、やる、くれる、くださる、もらう、いただく」

### 4.2.1「あげる」

「あげる」

| 「あげる」搭配 | 统计 |
|---|---|
| 总计 | 38103 |
| 声 を あげ た 。 | 651 |
| 顔 を あげ た 。 | 392 |
| こと が あげ られる 。 | 173 |
| し て あげ て ください | 169 |

| | |
|---|---|
| などが あげ られる 。 | 140 |
| 腰 を あげ た 。 | 119 |
| 悲鳴 を あげ た 。 | 106 |
| 顔 を 上げる と 、 | 101 |
| 顔 を あげ て 、 | 88 |
| 効果 を あげ て いる | 83 |
| 成果 を あげ て いる | 79 |
| し て あげ ましょう 。 | 75 |
| 悲鳴 を 上げ た 。 | 68 |
| 笑い声 を あげ た 。 | 63 |
| 例 を あげれ ば 、 | 62 |
| など が あげ られ ます | 50 |
| 大声 を あげ た 。 | 50 |

「てあげる」

| 「てあげる」搭配 | 统计 |
|---|---|
| 总计 | 8754 |
| と し て あげ られ て | 65 |
| と し て あげ て いる | 51 |

「であげる」

| 「であげる」搭配 | 统计 |
|---|---|
| 总计 | 296 |
| 遊ん | 53 |
| 読ん | 50 |

4.2.2「やる」

「やる」

| 「やる」搭配 | 统计 |
|---|---|
| 总计 | 90348 |
| 目 を やっ た 。 | 321 |
| こと を やっ て いる | 179 |
| 目 を やる と 、 | 128 |
| 何 を やっ て も | 118 |

「てやる」

| 「てやる」搭配 | 统计 |
|---|---|
| 总计 | 14701 |
| として やってき | 45 |

「でやる」

| 「でやる」搭配 | 统计 |
|---|---|
| 总计 | 629 |
| 遊ん | 34 |
| 読ん | 32 |
| 楽しん | 32 |
| 死ん | 29 |
| 運ん | 23 |
| 喜ん | 21 |
| 選ん | 21 |
| 呼ん | 20 |
| 注い | 20 |
| 組ん | 19 |
| 頼ん | 13 |
| 進ん | 10 |

4.2.3「くれる」

「くれる」

| 「くれる」 | 统计 |
|---|---|
| 总计 | 66113 |
| し てくれた。 | 1001 |
| してくれました | 520 |
| してくれます。 | 501 |
| してくれたの | 439 |
| 教え てくれた。 | 377 |
| してくれている | 346 |
| してくれてい | 255 |
| してくれません | 217 |
| してくれるので | 158 |

| | |
|---|---|
| してくれないか | 148 |
| 教えてくれたの | 146 |
| 教えてくれました | 139 |
| せてくれた。 | 137 |
| 話してくれました | 137 |
| きてくれました | 134 |
| 言ってくれた。 | 132 |
| 話してくれた。 | 131 |
| 来てくれました | 131 |
| してくれて、 | 126 |
| 言ってくれました | 126 |
| きてくれた。 | 120 |
| してくれ」 | 115 |
| 来てくれたの | 112 |
| 言ってくれたの | 109 |
| してくれるように | 108 |
| 教えてくれません | 108 |
| 見せてくれた。 | 107 |
| してくれなかった | 105 |
| してくれたこと | 103 |
| せてくれます。 | 103 |
| してくれますよ | 101 |
| してくれるという | 101 |

「てくれる」

| 「てくれる」 | 统计 |
|---|---|
| 总计 | 59058 |
| をしてくれた。 | 178 |
| を教えてくれた。 | 118 |
| てきてくれました | 110 |
| 説明してくれた。 | 91 |
| ていてくれればと | 90 |
| てきてくれた。 | 87 |
| をしてくれました | 84 |
| と教えてくれた。 | 76 |
| と言ってくれた。 | 76 |

| と言ってくれました | 71 |
|---|---|
| を見せてくれた。 | 70 |
| てきてくれたの | 69 |
| 案内してくれた。 | 68 |
| に来てくれました | 64 |
| をしてくれたの | 58 |
| と言ってくれたの | 56 |
| が教えてくれた。 | 55 |

「でくれる」

| 「でくれる」搭配 | 统计 |
|---|---|
| 总计 | 2112 |
| 喜ん | 369 |
| 呼ん | 180 |
| 読ん | 170 |
| 運ん | 143 |
| 遊ん | 98 |
| 選ん | 70 |
| 飲ん | 57 |
| 防い | 56 |
| 注い | 52 |

4.2.4「くださる」

「くださる」

| 「くださる」搭配 | 统计 |
|---|---|
| 总计 | 72328 |
| してください。 | 3698 |
| 教えてください。 | 2371 |
| 見て下さい。 | 1046 |
| 頑張ってください。 | 266 |
| してくださいね。 | 245 |
| お問い合わせください。 | 236 |
| 頑張ってくださいね。 | 170 |
| あげてください。 | 165 |
| お許し下さい。今後 | 136 |

| | |
|---|---|
| 教えて下さい。宜しく | 130 |
| して下さいね。 | 120 |
| ないでくださいね。 | 111 |

「てくださる」

| 「てくださる」 | 统计 |
|---|---|
| 总计 | 53515 |
| てみてください。 | 791 |
| を教えてください。 | 334 |
| にしてください。 | 288 |
| てあげてください。 | 129 |
| 確認してください。 | 84 |
| 。頑張ってください。 | 83 |
| てあげてくださいね。 | 77 |
| てみてくださいね。 | 77 |
| たら教えてください。お | 76 |
| 注意してください。 | 64 |
| をしてください。 | 57 |
| にしてくださいね。 | 51 |

「でくださる」

| 「でくださる」搭配 | 统计 |
|---|---|
| 总计 | 1451 |
| 読ん | 218 |
| 選ん | 185 |
| 申し込ん | 175 |
| 楽しん | 143 |
| 呼ん | 87 |
| 飲ん | 52 |

4.2.5「もらう」

「もらう」

| 「もらう」搭配 | 统计 |
|---|---|
| 总计 | 41908 |
| してもらいました | 288 |

| してもらいたい。 | 251 |
|---|---|
| してもらいたいと | 230 |
| してもらった。 | 179 |
| せてもらいました | 179 |
| してもらって、 | 152 |
| してもらっている | 136 |
| してもらってい | 117 |
| せてもらった。 | 117 |
| してもらうことに | 115 |
| してもらうことが | 101 |
| 教えてもらいました | 97 |
| してもらうという | 94 |
| してもらうために | 91 |
| してもらいます。 | 89 |
| してもらったの | 83 |
| してもらいましょう。 | 81 |
| してもらえません | 77 |
| してもらったほう | 74 |
| してもらわないと | 72 |
| せてもらっている | 71 |
| してもらいたいの | 67 |
| せてもらってい | 64 |
| してもらうように | 61 |
| してもらっても | 60 |
| せてもらいます。 | 60 |
| してもらわなければ | 56 |
| してもらえます。 | 55 |
| 教えてもらえません | 54 |
| してもらうのが | 53 |

「てもらう」

| 「てもらう」搭配 | 统计 |
|---|---|
| 总计 | 29708 |
| させてもらいました | 79 |
| させてもらった。 | 64 |
| をしてもらいたいと | 59 |

| をしてもらいました | 42 |
|---|---|
| を 教え て もらい まし た | 41 |
| させてもらっている | 40 |
| にしてもらいました | 38 |
| させてもらいます。 | 34 |
| させてもらってい | 31 |
| をしてもらった。 | 30 |
| をしてもらっている | 30 |

「でもらう」

| 「でもらう」搭配 | 统计 |
|---|---|
| 总计 | 1325 |
| 読ん | 181 |
| 喜ん | 177 |
| 楽しん | 104 |
| 選ん | 96 |
| 遊ん | 69 |
| 運ん | 67 |
| 呼ん | 66 |

### 4.2.6「いただく」

「いただく」

| 「いただく」搭配 | 统计 |
|---|---|
| 总计 | 35439 |
| せ て いただき ます。 | 1072 |
| せ て いただき まし た | 638 |
| せ て いただき たい と | 549 |
| し て いただき たい と | 541 |
| し て いただき たい。 | 364 |
| せ て 頂き まし た | 206 |
| 教え て いただけ ませ ん | 180 |
| し て いただき まし た | 159 |
| せ て いただい て おり | 148 |
| 聞かせ いただき たい と | 146 |
| させ て いただき ます。 | 138 |

| | |
|---|---|
| せ て いただい て いる | 129 |
| し て いただい て 、 | 127 |
| し て いただく と いう | 126 |
| し て いただき ます 。 | 123 |
| お 答え いただき たい と | 113 |
| させ て いただき たい と | 112 |
| 教え て いただけ ない でしょう | 104 |
| 教え て いただけ ます か | 104 |
| せ て いただい て 、 | 92 |
| し て いただき たい の | 82 |
| 答え を いただき たい と | 78 |
| し て いただい て いる | 76 |
| せ て いただき まし て | 76 |
| せ て いただき ます が | 73 |
| 教え て いただき たい と | 72 |
| せ て いただい た わけ | 71 |
| やっ て いただき たい と | 71 |
| せ て いただい て い | 69 |
| 理解 を いただき たい と | 69 |
| 教え て いただき たい です | 68 |
| せ て いただい た 。 | 67 |
| 御 理解 いただき たい と | 65 |
| させ て いただき まし た | 61 |
| 教え て いただき たい の | 57 |
| し て いただく こと に | 56 |
| せ て いただき ます と | 54 |
| せ て いただく こと に | 52 |
| し て いただい て おり | 51 |
| し て いただけ ます か | 51 |
| 教え て いただき まし た | 51 |
| せ て いただき ます の | 50 |

「ていただく」

| 「ていただく」搭配 | 统计 |
|---|---|
| 总计 | 20357 |
| させ て いただき ます 。 | 706 |

| | |
|---|---|
| させていただきました | 596 |
| させていただきたいと | 438 |
| をしていただきたいと | 141 |
| させていただいており | 108 |
| させていただいている | 94 |
| にしていただきたいと | 86 |
| 終わらせていただきます。 | 84 |
| させていただきます」 | 74 |
| させていただいて、 | 65 |
| させていただいたわけ | 55 |
| にしていただきたい。 | 53 |
| をしていただくという | 52 |

「でいただく」

| 「でいただく」搭配 | 统计 |
|---|---|
| 总计 | 715 |
| 読ん | 163 |
| 取り組ん | 83 |
| 楽しん | 82 |
| 喜ん | 70 |

关于「てある、ている、ていく、てくる」前接动词的调查中，总体来说，「書く、なる、思う、する、考える、出る、聞こえる」与中俣(2014)较重合。「てあげる、てやる、てくれる、てもらう」前接动词的调查中，「する、教える、来る、言う、見せる」与中俣(2014)较重合。

「ある」中，句型和名词的「必要、場合」使用较多;「てある」中，格助词「と、が」使用较多;「である」中，「積む」动词最多。

「いる」中，「する、～れる、なる、考える、思う、～られる、いたす、見る、行う、行く」使用较多;「ている」中，格助词「に、と、を」使用较多;「でいる」中，上位5个动词分别为「住む、進む、呼ぶ、並ぶ、読む」。

「いく」中，「する、なる、～れる、出る、入る、歩く」动词最多，句型「～てはいけません、～なければいけない、～ないといけない」

多现;「ていく」中,格助词「に、を」使用较多;「でいく」中,上位5个动词分别为「進む、飛ぶ、死ぬ、取り組む、沈む」。

「くる」中,「する、やる、~れる、なる、出る、入る、行く、戻る、聞こえる、~られる、帰る、返る、見える」动词等最多;「てくる」中,格助词「に、が」使用较多;「でくる」中,上位5个动词分别为「飛ぶ、運ぶ、浮かぶ、飛び込む、進む」。

「あげる」中,名词「声、顔、こと、など、腰、悲鳴、効果、成果、笑い声、例、大声」、动词「する」使用较多;「てあげる」中,助词「として」使用较多;「であげる」中,上位动词分别为「遊ぶ、読む」。

「やる」中,名词、代词「目、こと、何」使用最多;「てやる」中,助词「として」使用较多;「でやる」中,上位3个动词分别为「遊ぶ、読む、楽しむ」。

「くれる」中,「する、教える、~せる、話す、来る、言う、見せる」使用较多,除结句外,「ように、という」较多;「てくれる」中,「する、教える、来る、説明する、言う、見せる、案内する」使用较多,格助词「を、と、に、が」使用较多;「でくれる」中,上位5个动词分别为「喜ぶ、呼ぶ、読む、運ぶ、遊ぶ」。

「くださる」中,「する、教える、見る、頑張る、問い合わせる、あげる、許す」使用较多;助动词「~ない」使用较多;「てくださる」中,「見る、教える、する、あげる、確認する、頑張る、注意する」使用较多,格助词「を、に」、助词「たら」使用较多;「でくださる」中,上位5个动词分别为「読む、選ぶ、申し込む、楽しむ、呼ぶ」。

「もらう」中,「する、~せる、教える」使用较多,除结句外,「たい、ために、ほう、ても」较多;「てもらう」中,「~させる、する、教える」使用较多;「でもらう」中,上位5个动词分别为「読む、喜ぶ、楽しむ、選ぶ、遊ぶ」。

「いただく」中,「~せる、する、教える、聞かせる、答える、やる、理解する」使用较多;「ていただく」中,「~させる、する、終わる」使用较多,格助词「を、に」使用较多,除结句外,「たい」「わけ」「という」较多;「でいただく」中,上位4个动词分别为「読む、取り組む、楽しむ、喜ぶ」。

### 5. 分析与结论

(1) 由于这些“补助动词”形式一致，同属语法化现象，具有「アスペクト」或「モダリティ」作用，因此，统合在一起的体系归纳整合，学习者便于归类和掌握。

(2) 迄今为止的研究，较多地重视语法点需要前接什么样的词和对这一组整体构造的分析。那么，前后接什么样的词，组成什么样的搭配，其实是值得留意的。

(3) 日语是SOV语言，谓语部分的重要性不言而喻，「XてX」结构，动词使用重要，略见一斑。而「X XてX X」结构，词块或语块更加重要，此时，谓语动词的单一化与谓语部分的多样性、复杂性，包括结句形态一目了然，形成了一种固定形式。

(4) 在使用上，意义单位是词汇衔接的重要手段和具体体现。在外语学习中，不仅要重视词汇教学，还要给予搭配教学一席之地。这样学习者的日语才会更加准确且地道。

(5) 更细致的分析、与教科书的细化比对，以及实质语功能语的历时研究等将成为今后的研究课题。

## 第3节　「おく、みる、しまう」的具体搭配使用

### 1. 绪论

实质语功能语「おく、みる、しまう」既有实质语用法，是独立使用的实义动词，又有作为补助动词的功能语用法，这是日语的语法化(文法化)现象，本节重点考察其作为实质语和功能语的具体搭配使用情况。关于针对日语学习者的词语搭配研究，笔者参考了三好(2007)(2011)、王・曹(2012)、李文平(2014)后发现，由于较长单位的所谓“词块”研究尚存不足，因此，笔者参照森田(1971)与「た」对比、吉田(2012)探讨与其他补助动词的关系等，把「おく、みる、しまう」归入一大类，通过搭配使用分析，以期为日语教学起到一定的促

进作用。本节中，像「しまい」这样名词的用法不做讨论。

## 2. 实质语功能语「おく、みる、しまう」

文化厅（1971）、森田（1993）等，对「おく、みる、しまう」的实质语和功能语用法进行了分析和考察。

### 2.1 实质语功能语「おく」的用法

#### 2.1.1 实质语「おく」的用法

关于「おく」的用法，森田（1993：233—234）强调「おく」的目的，对「おく」是这样论述的："事物に場を与えること。場を与えるには種々の目的がある。その目的から「置く」の意味が派生する。"自动词的「自然現象」（例：地面に霜が置く）以外，（例：うちに子供を置いてきた）这种人的行为通常带有目的意识。此外，还有接在数词后面的「その数だけ行為の対象から外し、除く」用法（例：二日おいてから結果を見る）。关于目的，森田分为两种：

一、置くことによってその物の価値を発揮させ、機能させる。
　　例：うちでもカラーテレビを置くことにした。
　　　　家を抵当に置く。

二、それを置くことによって、他者が恩恵を被る。または影響を受ける。他者側に目的がある場合である。
　　例：重いから荷物を置いて休もう。

（森田 1993:234）

森田的"目的"之一：他者受恩惠这一点值得关注。森田还指出了补助动词（本书中的功能语）的用法恰恰源于「手をつけず、物事をそのままの状態に放置する」，以及「考慮の対象から外し、除く」这种意义。

日本文化厅(1971:135)设置了「おく」栏目,并且与实质语放在一个栏目中,从4点上对实质语、2点上对功能语用法加以论述。

(1) おく。「本を机の上に置く。」
(2) ある仕事をさせるために、人を雇い、ある地位につける。又、設備などを新しく設ける。「下宿人を何人置いていますか。」
(3) 子供などをある場所に残す。「子供を家に置いて出かける。」
(4) 二つの物事の間に、時間・日数・距離などを置く。「三日置いてもう一度来てください。」

“(1)おく。”这种解释方式不好。但是可能是找不到更好的方法,因此不得不这样解释。其他则是主要对用法的解释。

2.1.2 功能语「おく」的用法

关于功能语「おく」,其接在「意志的な動作動詞」后面,森田(1993:234—235)是这样论述的:“ある目的から、あらかじめ動作や行為を行うこと。(中略)その動作が自己のためか他者のためかによって分かれる。”并做出如下的分析:

(1) 自己のために、事後を予想して事前にその事を行う。
例:下見しておいたから安心だ。
(2) 他者を前提とした行為で、他者をある状態にし、その状態をいつまでも続けさせる放任の意となる。使役(許容)の助動詞を伴う言い方も成り立つ。
例:思うようにやらせておく。

与实质语的“目的”有关,「自己のためか他者のためか」值得关注。

日本文化厅(1971:135)是这样表述的。同时没有提到与助动词相关的例句。

(5) aある状態をとめないで続けさせる。「電燈は消さないで朝までつけておこう。」

（5）b何かをする前に、知らせたり、断ったり、仕度をしたりする。「その人に電話を掛けておいて、伺ったほうがいいでしょう。」

2.2 实质语功能语「みる」的用法

2.2.1 实质语「みる」的用法

森田（1993：1094—1095）的「みる」用法如下：

（1）視覚的に対象や環境を把握する行為。「夢を見る」
（2）知覚行為として把握する。「脈を見る」
（3）推定的な判断を表す。「遭遇したものと見られる」
（4）自ずと理解する、知る、わかる。「彼の底力を見た思い」
（5）世話をし、悪い点や箇所を直す行為を表す。「面倒を見る」
（6）他者への介入ではなく、自身や当人の経験行為としてある状態を体験する。「ばかを見る」

日本文化庁（1971：989—990）的「みる」用法如下：

（1）目を向ける。「じろじろ見る」
（2）楽しみのために目を向ける。見物する。「花を見る」
（3）読む。「新聞を見る」
（4）調べる。「辞書で見ればすぐ分かる」
（5）医者が病気の人の体を調べる。「見る」とは書かない。「患者を診る」
（6）判断する。物のようすから全体がどうかを考えて決める。「（前略）仕事を頼むときには人を見て頼まなければなりません。」
（7）様子をみて、世話をする。「社長から「子供の数学を見てやってください。」（後略）」

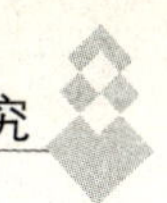

(8) 自分でそれをして、その感じをもつ。経験する。「(前略)ばかを見た。」

尽管他们分类不同,但是解释基本一致。

2.2.2 功能语「みる」的用法

森田(1993:1103—1104)指出功能语「みる」的用法是:“他の目的のため、その動作を試みに行う。”接在意志性动作动词时,会产生「“ためしに……する”という実験的試みの意図を持つ」。原则上不接在无意志性动词和自然现象动词之后,然而条件形式「~と、~たら、~ば」除外。并对此解释为:“人間の行為・動作に付く場合は無意識のうちにおこなった結果の状況を表し、自然現象に付いた場合にはその事態が成立した時点の状況を表す。”

例1:目がさめてみると日本晴れのいい天気だった。
例2:咲いてみると、それほど奇麗な花でもない。

与森田(1993)相比,文化厅(1971:989—990)在「みる」这个栏目中没有提到其功能语用法,或许是功能语用法当时被认为无必要特意提示出来。而森田的例1、例2用法,应该说是“发现后意识到”的状况可能更好理解。

2.3 实质语功能语「しまう」的用法

2.3.1 实质语「しまう」的用法

森田(1993:529)对「しまう」的用法是这样描述的。「しまう」主要有2种含义。

(1) 現在行っている目的行為を終わりにする。例:「店を仕舞う。」

(2) ある目的のためにそこに出してある物品を、片付ける。また、一定の場所に納める。例:「試験をします。机の上の辞書やノートを仕舞ってください。」

同时,「しまう」行为是根据需要再取出来的一时的"收藏储存"行为。取出的状态是临时的,有"归到原来的场所"之意,通常无隐藏的意识。

日本文化厅(1971:445—446)对实质语「しまう」是这样分析展开的。

(1) 外に出ている物を中に入れる。片付ける。整理する。「本を本箱にしまう。」

(2) 物事を終わらせる。「もう遅いから仕事をしまいなさい。」

2.3.2 功能语「しまう」的用法

参照森田(1993:531—532),功能语「てしまう」的用法如下:

「てしまう」表示动作完了,其原本有表示「好ましからざる事態の招来」之意,其实受到上下文意义左右。在表示意志的动作性动词后面时,表示「すっかり…し終わる」等终了、完了意义(例:ぜんぶ食べてしまう)。在无意志性的瞬间动词后,强调完了「ひどく…する/完全に…する/ほんとうに…する」意义(例:忘れてしまう)。「てしまう」接在动作性动词、状态动词、被动、使役后,常常会有「してはならないことをする、具合の悪い状態になる」(例:いつまでも泣いていると、狼に食われてしまうよ)等。

与「た」一起使用时,更有「すでに時間的に遅すぎる。困ることがすでにおこった。いけないことをすでにした」之意(例:試験に落ちてしまった)。

日本文化厅(1971:445—446)对功能语「てしまう」的分析如下,其(3)b"违反意志,遗憾"值得关注。

(3) aすっかり終わって残りがない意味を表す。「一晩でこの本を読んでしまった。」

(3) b「自分の意志に反して、そうなり、残念だ」という気持ちを表わす。「そんなことをしたら、時計が壊れてしまうよ。」

关于功能语用法参照森田得知:「ておく」与实质语的“目的”有关,「自己のためか他者のためか」值得关注。「てしまう」强调行为的终结或完成,「する行為」是重点;而「ておく」强调预先(即预想到事后的前提下),「した後に残る結果」为重点。同时,「てしまう」与「た」有着本质的差异,「てしまう」只是作为行为过程,概念性地表示动作的开始、终了、完成;而「た」则是表示表现时点的完了意识。「てしまう」还有“违反意志,遗憾”之意,值得关注。「てみる」则是「他の目的のため、その動作を試みに行う」。接意志性动作动词时,会产生「“ためしに……する”という実験的試みの意図を持つ」。它们之间尽管意义上有差异,但是正如吉田(2012:179)指出的那样:“「事態まるごと把握」と「事態完了後の時間経過への関心」を有しているのが、補助動詞テオク・テミル・テシマウの特徴である。”

## 3. 日语学习者的使用情况

首先摘取毛(2012)“中国日语学习者语料库”中2007—2009年日语专业4年级八级考试“写作”和“翻译”中有关实质语功能语「おく、みる、しまう」的正确搭配用法,共收集到157例。其后,笔者从2010—2014年249名学生提交的小作文中,收集到64例。对以上两者(中上级+初中级)使用情况分别进行了搭配上的归类。

### 3.1 中国日语学习者语料库

“中国日语学习者语料库”是毛文伟教授根据日语专业4年级学生2007—2009年专业日语八级考试中“写作”和“翻译”的内容,从中摘取的例句基础之上制作的。笔者在查找例句时,除去文字表记不正确、明显误用、被动可能等外,共收集到以下数量例句:

**表1:学习者语料库中使用数、搭配主要内容**

| 项目 | おく | ておく | みる | てみる | しまう | てしまう |
|---|---|---|---|---|---|---|
| 数量 | 5 | 8 | 8 | 30 | 0 | 98 |
| 主要前搭配内容 | 位置に2<br>下に1<br>中に1 | 作って2<br>考えて1<br>書いて1<br>買って1<br>して1 | 空を1<br>夢を1<br>アニメから1 | やって4<br>開けて4<br>考えて3<br>振り返って2 | | 忘れて21<br>なって21<br>なくなって5<br>死んで3<br>困って2<br>流れて2<br>行って2 |
| 主要后搭配内容 | のが1<br>べき1<br>だけが1 | 。3<br>が、1<br>のは1 | る。2<br>ると、2<br>ること2 | ると、23<br>る。3<br>ること2 | | 。48<br>こと(は、が、を、に)10<br>かもしれない7<br>だろう4<br>のだ3<br>としても3<br>と、2<br>日が2 |

从数量来看,「ておく、てみる、てしまう」的功能语用法均多于「おく、みる、しまう」的实质语用法。「てしまう」更多地接在「忘れる、なる」后面(分别为21句),同时结句数量较多(48句),而「てみる」以「ると」形式出现较多(23句)。

3.2笔者调查

笔者在2010—2014年学生提交的作文中进行了调查。调查对象为日语专业本科生、非日语专业本科生、非日语专业研究生,共计249名。作文字数:200～400字,使用简体。写作题材:「夏休み(二外2)共45名、日本語学習を通じて感じたこと(二外3、一外2、一外3共83名)、日本語の語彙の覚え方について(研究生一外16名)、日本語の使役表現について(专业3年级105名)」。或许是由

于作文题材所致,学生在使用过程中,「みる」的实质语用法使用较多(45句)。与「おく、しまう」的"实质语"用法相比,学习者更加偏重于使用其"功能语"用法「ておく、てしまう」。与表1不同的是,笔者调查中「みる」的实质语用法(45句)多于功能语用法「てみる」(8句)。其「おく、みる、しまう」使用例句数及学习者搭配使用内容如下:

表2:笔者调查中使用数、搭配主要内容

| 项目 | おく | ておく | みる | てみる | しまう | てしまう |
|---|---|---|---|---|---|---|
| 数量 | 0 | 6 | 45 | 8 | 0 | 6 |
| 前搭配内容 | | 覚えて<br>放って<br>理解して<br><br>使役:<br>寝かせて2 | アニメを11<br>映画を4<br>例(文)を4<br>多く2<br>テレビ(ドラマ番組)を<br>本(絵、作品、表現)<br>社会(原因)を<br>考え(そこ、点)から<br>違いが<br>私が<br>同様に<br>簡潔だと | 比較して2<br>あげて<br>考えて<br>入って<br>して<br>調査して<br>参考して | | やめて<br><br>使役、被动:食べられて2、死なせて、狂わせて |
| 主要后搭配内容 | | く3<br>こう2<br>いて | て6<br>たり(する)6<br>られ(てい)る(た)5<br>ると、4<br>ます3<br>ること3<br>るとき3<br>た3<br>れば2<br>よう2 | ると3<br>て、<br>る。<br>れば、<br>る私たち<br>てほしい | | た6 |

由表1、表2可以看出，中上级学习者“功能语”用法使用较多，相比之下，初中级学习者较多使用“实质语”用法。

### 4. 日语语料库中的搭配使用

笔者使用日本国立国语研究所(2011)『現代日本語書き言葉均衡コーパス』(BCCWJ)中纳言进行调查，本节中，BCCWJ的具体选取方法、调查操作规则如下：

(1)中纳言短单位检索语汇素，下载txt文本文档，转成excel。下载下来的txt文本文档转成excel后只显示上限10万个数据库中随机抽取的数据。因为只显示到上限为10万之内的词，而实际情况应该有超过10万的搭配，因此对资料不做百分比的分析。

(2)以节点词“X”为中心，前2+前1+X+后1+后2为一个搭配单位，或者叫跨距。逗号、句号、顿号等为一个单位计算在内，这样便于观察是否结句。与短词搭配研究不同的是，在长词搭配中，助词、助动词、逗句号等同样应成为要考察的对象，算作一个单位。相对于必要成分来讲，它们有可能是附加成分，但也是长词搭配研究中必不可少的信息。

(3)搭配资料表格左右两部分，左侧：以节点词为中心的搭配，排列顺序从上到下分别为，共现频次最高到最低。右侧：以节点词为中心的搭配频次，由高到低排序。

(4)本节中有关搭配数量的分析少于最后“资料篇”中的数量。需要说明的是：本节在分析时，原则上以总出现数5万为分界线，5万以上选到100次，5万以下尽量选到50次的单位。由于有些项目数量的问题，「でおく、でしまう」选到30次；「でみる」选到15次。次数均为数字以上的次数。

(5)由于日语中汉字与假名混用等情况，故「別にみると」「別に見ると」一起计算，数量累加，使用「別に見ると」标示；「頼んで」「たのんで」2个词中，以使用汉字的一起计算，其他动词类推。名词「こと」「ほう」则把使用汉字的词放入以假名标记的词中一起计算。整合到同一个词条下的结果是，使得该词条的使用范围得到一

定程度的扩大,从而其使用频率也随之增加。

(6)「目(め)」「眼(め)」分别计算。不好把握的单独计算,例如:「よんで」是「読んで」还是「呼んで」,不好区分时,按3个词计算。サ变动词计算成「確認し+て」「確認さ+せ+て」,全部是分开的单位。「ておい+た」,活用后的「た」单独计算。

(7)本书是对现代日语的研究,去除「言ふもの」这样的词。

(8)日语资料中的「、」「,」,以「、」统一。

笔者以BCCWJ为对象,按照以上规则进行了调查。

### 4.1「おく・ておく」具体搭配使用情况

#### 4.1.1「おく」

| 「おく」搭配 | 统计 |
|---|---|
| 总计 | 61241 |
| して おき ます 。 | 668 |
| して おき ましょう 。 | 545 |
| して おい た ほう | 462 |
| して おく 必要 が | 442 |
| して おき たい と | 367 |
| して おけ ば 、 | 366 |
| して おき たい 。 | 360 |
| して おか なけれ ば | 349 |
| して おく こと が | 343 |
| して おく と 、 | 280 |
| して おい て 、 | 250 |
| して おか ない と | 233 |
| して おこう 。 | 174 |
| して おき たい の | 141 |
| して おき まし た | 140 |
| 申し上げ て おき たい と | 131 |
| して おい た 。 | 129 |
| して おか ね ば | 108 |
| して おく 。 | 107 |
| 上 に 置い た 。 | 104 |
| して おい て ください | 101 |

4.1.2「ておく」

| 「ておく」搭配 | 统计 |
|---|---|
| 总计 | 34559 |
| をしておきたいと | 127 |
| にしておきます。 | 96 |
| にしておくと、 | 89 |
| にしておけば、 | 78 |
| にしておきましょう。 | 76 |
| にしておいて、 | 66 |
| にしておくことが | 65 |
| をしておきます。 | 52 |

4.1.3「でおく」

| 「でおく」搭配 | 统计 |
|---|---|
| 总计 | 565 |
| 頼ん | 74 |
| 呼ん | 35 |
| つかん | 30 |

## 4.2「みる・てみる」具体搭配使用情况

4.2.1「みる」

| 「みる」搭配 | 统计 |
|---|---|
| 总计 | 100000 |
| 別にみると、 | 649 |
| してみてください | 598 |
| してみると、 | 406 |
| してみましょう。 | 379 |
| ついてみると、 | 368 |
| のを見て、 | 313 |
| してみました | 309 |
| してみては | 276 |
| してみれば、 | 270 |
| 考えてみると、 | 177 |
| してみた。 | 165 |
| 考えてみましょう。 | 161 |

| | |
|---|---|
| 考えてみれば、 | 148 |
| してみません | 145 |
| 顔を見た。 | 145 |
| してみよう。 | 118 |
| してみたいと | 107 |
| 聞いてみると、 | 101 |

### 4.2.2「てみる」

| 「てみる」搭配 | 统计 |
|---|---|
| 总计 | 29393 |
| についてみると、 | 301 |
| にしてみれば、 | 213 |
| を考えてみましょう。 | 75 |
| にしてみてください | 64 |
| を見てみますと | 59 |
| を見てみると、 | 57 |

### 4.2.3「でみる」

| 「でみる」搭配 | 统计 |
|---|---|
| 总计 | 303 |
| 読ん | 65 |
| 楽しん | 15 |

## 4.3「しまう・てしまう」具体搭配使用情况

### 4.3.1「しまう」

| 「しまう」搭配 | 统计 |
|---|---|
| 总计 | 98179 |
| なってしまった。 | 1609 |
| なってしまいました | 1366 |
| なってしまいます。 | 1225 |
| してしまった。 | 1205 |
| してしまいました | 941 |
| なってしまったの | 812 |
| れてしまった。 | 750 |
| してしまったの | 749 |

| してしまいます。 | 643 |
|---|---|
| れてしまいました | 534 |
| なってしまう。 | 456 |
| なってしまうので | 440 |
| れてしまったの | 414 |
| れてしまいます。 | 401 |
| 行ってしまった。 | 347 |
| なってしまっている | 308 |
| してしまう。 | 298 |
| してしまうので | 290 |
| してしまっている | 282 |
| なってしまうのです | 258 |
| してしまうと、 | 254 |
| 思ってしまいます。 | 210 |
| なってしまってい | 188 |
| れてしまう。 | 182 |
| してしまうという | 181 |
| してしまったと | 178 |
| なってしまうのだ | 174 |
| られてしまった。 | 174 |
| なってしまうという | 172 |
| れてしまっている | 172 |
| なってしまったと | 170 |
| してしまうのです | 164 |
| れてしまうので | 142 |
| なってしまって、 | 138 |
| 消えてしまった。 | 138 |
| してしまったこと | 136 |
| してしまってい | 130 |
| 考えてしまいます。 | 129 |
| 忘れてしまいました | 128 |
| してしまって、 | 127 |
| してしまえば、 | 125 |
| なってしまったん | 123 |
| せてしまった。 | 121 |
| してしまうのだ | 118 |
| してしまうことが | 117 |

| 思ってしまいました | 114 |
|---|---|
| なってしまうことが | 102 |

4.3.2「てしまう」

| 「てしまう」搭配 | 统计 |
|---|---|
| 总计 | 91205 |
| になってしまった。 | 1000 |
| になってしまいました | 807 |
| になってしまいます。 | 786 |
| になってしまったの | 492 |
| なくなってしまった。 | 294 |
| になってしまう。 | 292 |
| になってしまうので | 281 |
| なくなってしまいました | 273 |
| されてしまった。 | 223 |
| になってしまっている | 217 |
| されてしまいます。 | 179 |
| となってしまった。 | 168 |
| なくなってしまいます。 | 159 |
| になってしまうのです | 159 |
| て行ってしまった。 | 154 |
| されてしまったの | 133 |
| と思ってしまいます。 | 133 |
| されてしまいました | 131 |
| になってしまってい | 128 |
| なくなってしまったの | 121 |
| になってしまったと | 117 |
| になってしまうという | 114 |
| 言われてしまいました | 111 |
| にしてしまった。 | 100 |

4.3.3「でしまう」

| 「でしまう」搭配 | 统计 |
|---|---|
| 总计 | 633 |
| 死ん | 69 |
| 飲ん | 30 |

中俣(2014)使用BCCWJ,对作为功能语的「おく、みる、しまう」前一动词搭配使用进行了调查,结果如下。

**表3:对中俣(2014)的总结:「ておく、てみる、てしまう」**

| 排序 | ておく | てみる | てしまう |
|---|---|---|---|
| 数量(个)、比率(%) | 31801(30.17%) | 61440(39.54%) | 92258(29.61%) |
| 1 | する | 考える | なる |
| 2 | 入れる | する | する |
| 3 | 言う | 見る | 行く |
| 4 | 知る | 聞く | 言う |
| 5 | 置く | やる | 忘れる |
| 6 | とる | 行く | 思う |
| 7 | 放る | 調べる | なくなる |
| 8 | つける | 言う | 死ぬ |
| 9 | 覚える | 試す | 消える |
| 10 | 残す | 作る | 出る |

总的来说,「ておく、てみる、てしまう」前接动词调查中,与中俣(2014)较重合的是「する、考える、見る、なる、なくなる、行く、思う、言う」,中俣(2014)「てしまう」的调查中,发生拨音变的动词只出现「死ぬ」一种。

笔者调查的实质语功能语「おく、みる、しまう」具体搭配使用情况如下:

「おく」中,动词「する、申し上げる」、名词「上」使用较多;「ておく」中,格助词「を、に」使用较多;「でおく」中,「頼む、呼ぶ、つかむ」动词最多。

「みる」中,「する、つく、考える、聞く」动词最多,名词「別、顔」多现,「のを」形式较多;「てみる」中,格助词「に、を」使用较多,「つく、する、考える、見る」动词最多;「でみる」中,上位2个动词分别为「読む、楽しむ」。

「しまう」中,动词「なる、する、~れる、行く、思う、~られる、

消える、考える、忘れる、～せる」使用较多,「ので、と、という」会出现;「てしまう」中,助词「に、と、て」使用较多,上位动词分别为「なる、なくなる、～される、行く、思う、言われる、する」;「でしまう」中,「死ぬ、飲む」较多。

## 5. 分析与结论

关于「おく、みる、しまう」的搭配使用情况,笔者的调查与中俣(2014)基本一致。到目前为止,笔者尚未发现有较长的搭配使用研究。从结果看,日语学习者使用最多的是功能语「てしまう」、实质语「みる」、功能语「てみる」;在语料库较长单位搭配使用中,实质语功能语「しまう」「てしまう」使用最多,「おく」「ておく」使用最少,这从某种程度上反映出母语使用者和日语学习者的使用情况。相信研究结果对日语教育会起到一定的积极作用,与中国日语教科书中搭配使用的对比将作为今后的研究课题。

# 第3章　日语词汇学习研究

## 第1节　日语词汇学习研究综述

### 1. 研究目的

日语词汇、意义的学习–习得研究在日语教学中十分重要。在日本,迄今为止,日语词汇与语法相关的形态论研究、类义–对义等词的意义研究、在句子–文章中的表现研究以及社会语言学研究等都有了长足的进步。而日语词汇学习研究一直以来发展相对迟缓,21世纪后,其渐渐受到应有的重视,研究论文、研究成果逐渐增多。

关于词汇学习的研究可以分为“量的研究”和“质的研究”等“横向研究”以及“纵向研究”等。所谓量的研究是测定“理解词汇”和“使用词汇”量的变化的研究。质的研究是指作为知识,词汇如何存在于学习者头脑中,形成什么样的词汇体系,其如何变化,第一语言的词汇体系与第二语言的词汇体系如何相关等研究。纵向研究则是观察一个个体或群体随着时间的推移、年龄的增长等如何习得词汇、习得何种类型的词汇的研究。从研究方法来讲,随着计算机的发展,大量的语言数据、资料得以处理;同时从心理语言学和认知语言学等角度研究词汇的学者也不断增加起来。

本节通过概述中日两国出版的学会会刊中的词汇习得研究情况,以求探索今后中国的日语语言教学中词汇习得的研究方向。

在研究者中存在“词汇学习”和“词汇习得”这两种说法,本节将依照中国英语教育学家蒋(1999:3)的说法,把日语作为第二外语、第三外语的学习者的“词汇学习”和“词汇习得”不做区别同等看待。

到目前为止,日本日本语教育学会会刊《日本语教育》把刊载的词汇习得研究论文分为“研究论文”和“调查报告”两类,由于这两者

之间未有明确的区分，因此本节一律视作"研究论文"。中国的会刊《日语学习与研究》中没有这样的问题，因此一律视为"研究论文"。

### 2.谷口すみこ等(1994)和谷内美智子(2002)

日本国内以日语学习者为研究对象的词汇习得研究是从谷口等(1994)开始的。谷口从词汇网络的形成过程入手考察了词汇习得的问题，提出了自由联想的方法。对于初学者来说，"「エピソードによる連想が強く」(片段的发散联想很强)"(第88页)，而对于中级学习者来说，"「概念体系を記述する傾向が強い」(记述概念体系的倾向比较强)"(第88页)，这是谷口得出的结论。换句话说，谷口提出了"第二言語学習者はエピソードに基づく語彙の連想から出発し、学習が進むにつれて概念構造による語彙のネットワークを形成するようになるのではないか"这样的假说(第89页)。据此，谷口论述了"エピソードの連鎖から概念体系への移行を促進するために、授業で意識的に語彙を扱い、既習語彙を学習者自身がまとめ直すような活動を導入することが大切だ。"(第90页)

到2002年为止的日语词汇习得研究中，谷内(2002)将词汇习得研究分为了"体系的词汇学习，附带的词汇学习，从文本上下文出发的词汇意义推理以及词汇学习策略"四个部分。并且，在指出了日语词汇习得研究的历史较短、研究数量较少的基础上，根据研究目的的不同总结出如下5点(第156页)，译文如下：

① 用心理学的手法，探索学习者的词汇知识。
② 将研究对象限定为学习困难的词汇，探索学习者和母语使用者的词汇知识的不同。
③ 从日语能力的不同出发研究受语法制约的词汇习得程度的不同。
④ 以学习者在自然状况下的学习成果"输出"为基础，探索词汇学习过程。
⑤ 通过实验或者观察研究影响词汇学习的要素。

抛开日语以外的其他语言中的词汇学习不谈，在这里笔者想具体谈谈谷内(2002)的日语词汇习得研究情况。

2.1 体系的词汇学习

体系的词汇学习是指“学習者の第二言語能力にあった語彙を、学習の進み具合に合わせて順番に学習していく”(第156页)。此类研究的目的是探索在体系性的词汇学习中，“より効果的な方法(更为有效的方法)”和“学習困難な点を探る(学习困难之处)”。在这里，关于“学習者と母語話者の語彙知識の違い(学习者和母语使用者的词汇知识的差异)”这个问题，列举了关于“類義語(近义词)”“多義性の高い動詞(多义动词)”“複合動詞(复合动词)”的学习研究，其后关于“統語的制約を受ける語(受结构制约的词)”，列举了“語の派生ルール(语言的派生规则)”“自動詞・他動詞(自动词·他动词)”等相关研究。这个阶段的研究主要将重点放在“何が学習困難か、それはなぜか(什么是学起来比较困难的，为什么)”(第159页)的问题上，不管哪一点都是将焦点放在语言本身。

2.2 附带的词汇学习

附带的词汇学习是指“読解や聴解などの活動の中で、学習者が未知の語に出会った際にコンテクストなどの手がかりを使ってその語の意味を推測した結果、最終的にはその語の意味を理解していたという学習”(第159页)这样的情况。日本以外的其他国家的研究中指出了首先是阅读，其次是听力的顺序居多的情况，这种学习在20世纪80年代初期颇受世界关注。关于阅读过程中的词汇习得，日本学界到2002年为止没有关于这方面的论文。另外，关于听力，横山(2001)做了关于输入和输出各自作用的实验，谷内(2001)在3名学习者的日记的基础上观察了学习者和母语使用者约半年间的互动情况。除此之外暂时没有其他的研究。

2.3 从文本上下文出发的词汇意义推理

词汇意义推理是指“辞書などを使わないで、自分が持ってい

る第二言語知識や母語で手に入れた百科事典的な知識、コンテクストにある手がかりなどを可能な限り活用して未知の語の意味を考えること"(第162页)。这方面只有谷口(1991)做了一些研究,主要是将非汉字文化圈出身的学习者作为观察对象,观察他们的阅读策略,发现他们大多从汉字词汇中推测意义。因为观察对象不是汉字文化圈的学习者,来自母语的影响就几乎可以忽略不计了。与此相对,林(2002)研究了台湾人的汉字知识对词汇学习的影响。谷内指出了今后"語の意味推測における漢字圏出身者の母語知識の影響を考慮に入れた研究も必要"(第163页),也就是说,不同语言背景学习者词汇推测过程的研究是非常必要的。

### 2.4 词汇学习策略

对于成功沟通的策略,谷内指出了Read(2000)提出"言い換え(换一种方式叙述)""他言語を使って説明(用其他的语言说明)""ジェスチャーなどで表現(用手势等方式交流)""回避(回避)""質問(提问题)"等方法。但是,在当时的日本,词汇学习策略方面的研究还没有展开。

反观日本以外国家的研究,谷内指出"語彙学習に効果的なストラテジーはいくつかのストラテジーが組み合わさっているものであると考えられる。しかし、どのようなストラテジーの組み合わせが語彙学習に有効かということまでは明らかとなっていない。このような点に関する研究も、海外・日本の語彙習得研究ともに今後必要である"(第164页),以及"言語環境と語彙学習ストラテジーについての研究も、必要になるのではないか"(第165页)。

### 2.5 日本词汇习得研究的其他观点

在探索学习者词汇知识的研究中提到了自由联想的方法。代表性的研究者是谷口すみこ等(1994)。在至今为止的研究中,谷口指出自由联想有"学習者の持っている知識のわずかな部分しか観察できない(仅能观察学习者所具有知识的极少一部分)""実験の回数を重ねると学習者がその方法に慣れてしまう(随着重复实验,学习者逐渐适应了这种方法)”,以及“継続的な観察には不向き(不适合持续地观察)”这样几个局限性(第165页)。另外,从学习者自然状态下的学习成果产出入手,探索习得过程的研究主要集中在以年轻人为对象的研究上。

对于今后的研究课题,正如谷内在论文开头部分所记述的那样,“学習者が実際にはどのような過程を経て語彙を習得しているのか、学習者にとってどのような点が習得困難なのかということについては、日本ではあまり研究が行われていない”(第155页)。对于日本在这方面今后研究的方向,谷内指出了以下三点(第166页):

① 読解の中での語彙習得に関する研究は行われていない。

② 語彙の意味推測に関する研究が不足している。

③ 日本の語彙習得研究では、ストラテジーに関する研究はほとんど行われていない。

## 3. 日本《日本语教育》

2002年之后,《日本语教育》主要刊登了小森·三国·近藤(2004)、小森(2004)、三国·小森·近藤(2005)、加藤(2005)、德弘(2005)、三好(2007)、山方(2008)等学者的研究论文。

小森·三国·近藤(2004)做了关于已知词汇率和文章理解课题关系的实验,得出了两者之间存在很强的正相关关系的结论。然而同组的三国·小森·近藤(2005)指出与阅读相比,听力中词汇知识量的侧面对内容理解的影响其实非常有限,推测出词汇知识以外的其他因素在起作用这种可能性。除此之外,小森(2004)指出在语言学习过程中,作为词汇知识一部分的联想知识可能是无法学习的这样一种可能性。加藤(2005)通过实验证明了对于中文母语使用者来说,日语中的汉字词汇和同样汉字的中文词汇,即使是高级学习者也未必掌握。德弘(2005)选择了约16000个面向中高级学习者的词汇,具体考察了这些词汇的提示法。三好(2007)关注了连语的教

学,虽然与从单词意思出发的教学方法相比有效,然而此次研究还不能进一步明确连语有效的指导方法。山方(2008)以中文母语使用者和韩文母语使用者为对象,调查了文本理解中未知词汇的意义推测问题。拥有较高水平的日语学习者能够正确推测未知词汇意义,且对内容理解越充分,意义推测就越准确。而且,中文母语使用者能够活用词汇知识来推测未知意义,这一点也在调查中得到证明。

2002年以后,日语词汇习得研究多样化,研究领域涉及阅读、听力、包括同形词在内的汉字词汇、连语指导、未知词汇的语意推测等。

## 4. 中国《日语学习与研究》

在中国的《日语学习与研究》中,对日语词汇学习方面做研究的有松下(2002)、王(2007)(2009a)。松下(2002)认为对中国日语学习者的初级阶段学习来说,应该将词汇学习模块化,培养独立学习能力。王(2007)则调查了中国大学中日语专业和非日语专业学习者的日语词汇学习策略,既指出了其共同点和相似点,也明确了词汇学习策略指导的重要性,这是当时我国日语界前所未有的研究。而且,王(2009a)提出了高级日语学习者的语连结(语连结这个概念一方面强调了词汇的自由度,另一方面也包含了“连语”“惯用句”“固定搭配”等)习得问题,明确了日语口译教学中语连结习得状况,从日语语言学以及日语教学的角度探索了指导方法。

## 5. 中国日语词汇学习研究的方向性

综上所述,本节以日本的日本语教育学会会刊《日本语教育》以及中国的日语教学研究会会刊《日语学习与研究》为中心,概述了当时至今为止的词汇习得研究。关于这两本会刊中没有包括的词汇习得研究论文,将作为今后的研究课题。

在中国国内,日语词汇研究方兴未艾,而日语词汇习得研究才

刚刚起步。谷内(2002)指出了阅读中的词汇习得、词汇的意义推测以及词汇习得的策略三点问题。不仅如此,对词汇习得现状的把握、研究内容的多样化以及立足于实践记述以外的实证研究也是非常有必要的。明确词汇习得机制,以及活用这些研究成果来支持、帮助学习者的词汇习得也将是今后重要的研究课题。

## 第2节 大学专业与非专业学生日语词汇学习策略研究

### 1. 研究目的

20世纪70年代初,第二语言习得研究的重点从研究教师如何"教",开始转向研究学生如何"学"。因为只有了解学生如何学,才能明白如何教。此后,研究学习者学习策略便成为众多学者关注的对象之一。由于不同的研究者对语言学习策略的认识存在一些分歧,因此,语言学习策略的定义存在若干差异。一般来说,语言学习策略是指学习者为了更有效地学习掌握语言知识和技能,使语言学习取得更佳的效果而采取的各种策略。它既包括学习者为了更好地完成某个学习任务而采取的微观策略,也包括学习者对自己的学习进行计划等的宏观策略以及学习者对语言学习的一些认识。学习策略是学习者自主学习、提高所学语言的交际能力时不可或缺的。

大多数学者认为学习策略应该是有意识的。如上所述,"策略"一词泛指所有宏观策略和微观技巧,既包括最一般、最宏观的策略类别,也包括最具体的做法。那么学习策略与学习方法有什么不同之处呢?学习方法和学习策略的区别类似于"技术"与"战术"的区别。学习策略是对学习方法的选择和使用,学习方法则可以有多种,而选择哪种方法或技巧,学习者要根据各自具体的情况决定,这个过程就是学习策略的使用过程。

众所周知,词汇学习在语言学习中占有十分重要的地位,因此

词汇学习策略研究就愈发显得重要。我国英语教学中,学习者词汇学习策略研究较多。而我国日语界,笔者尚未发现有关日语词汇学习策略的实证研究论文。本节试图了解日语学习者词汇学习策略,培养学生形成卓有成效的学习方法,以填补日语界此项研究的空白。

## 2. 学习策略先行研究

所谓学习策略,Oxford(1990)著、宍戸・伴译(1994:8)指出:"学習ストラテジーとは、学習をより易しく、より早く、より楽しく、より自主的に、より効果的にし、かつ新しい状況に素早く対処するために学習者がとる具体的な行動である。"学习策略为何如此重要,Oxford(1990)著、宍戸・伴译(1994:1)指出:"外国語学習で、特に学習ストラテジーが大切なのは、これが学習者の積極的で自発的な学習の手法となるからであり、コミュニケーション能力を伸ばすにも欠かせないからである。学習ストラテジーを適切に使うことで、言語能力は向上し、自律学習が促進されるのである。"

关于语言学习策略,O'Malley & Chamot(1990)、Oxford(1990)著、宍戸・伴译(1994)、文(1996)等国内外学者均就英语学习策略进行了综合性描述。而在词汇学习策略方面,吴・王(1998)对202名非专业英语学习者、王(1998)对50名专业与非专业英语学习者、张(2001)对102名硕士研究生英语学习者进行过调查研究。

O'Malley & Chamot(1990:46)把语言学习策略初步分为三类:(1) Metacognitive strategies, (2) Cognitive strategies, (3) Social/affective strategies,即元认知策略、认知策略、社会情感策略。这三类策略又由一些典型的有代表性的策略组成,详见表1。O'Malley & Chamot的策略分类曾被众多的学者认可和使用。

表1:O'Malley & Chamot语言学习策略初步分类

| Metacognitive strategies | Cognitive strategies | Social/affective strategies |
|---|---|---|
| ① Selective attention<br>② Planning<br>③ Monitoring<br>④ Evaluation | ① Rehearsal<br>② Organization<br>③ Inferencing<br>④ Summarizing<br>⑤ Deducing<br>⑥ Imagery<br>⑦ Transfer<br>⑧ Elaboration | ① Cooperation<br>② Questioning for clarification<br>③ Self-talk |

Oxford(1990)著、宍戸・伴译(1994)首先把语言学习策略分为直接策略和间接策略,直接策略分为记忆策略、认知策略、补偿策略,间接策略分为元认知策略、情感策略和社会策略各三种。由于策略之间、策略内部间内容存在若干交叉现象,因此Oxford的策略分类虽意义重大,但却需要进一步推敲。例如:"记忆策略"中的「C.繰り返し復習する」和"认知策略"中的「A.練習をする」里「1.繰り返す」内容上有重合之处。而"元认知策略"「B.自分の学習を順序立て、計画する」里「3.目標と目的を設定する」「4.言語学習タスクの目的を明確にする」内容有重合之处。

国内英语教学有关词汇学习策略的研究中,值得一提的是,吴·王(1998)对词汇量以外的词汇质的学习也进行了一定的分析和探讨,这一点是难能可贵的。而王(1998)的研究值得肯定的是,王(1998:51)认为:"西方学者大力提倡自然习得理论,而本次研究则表明中国学生在学习单词时并不相信这种理论,也未按此行事。这是由中国的语言学习传统和外语学习环境造成的。因此,我们不能人云亦云,全盘接受别人的观点。中国的英语教学必须结合中国的国情。"由此看来,在中国的外语学习为"学习",而非"习得",符合中国国情的外语教学十分必要,因此,策略研究和培训指导必不可少。张(2001)研究了非英语专业研究生在基础英语和专业英语阶段词汇学习策略使用的差异,即将不同学习阶段作为变量进行研究。

日本国内，谷内(2002:155)以学习形态、策略为出发点，从“体系的語彙学習、偶発付随的語彙学習、語の意味推測、語彙学習ストラテジー”四个方面，概述了日语作为第二语言的词汇习得研究状况。而笔者至今尚未发现日本国内有针对外国人日语学习者词汇学习策略的调查研究。

## 3. 词汇学习策略调查情况

### 3.1 调查对象

2006年4月，笔者实施了问卷调查和词汇测试。本节调查对象分为两部分：一部分为清华大学日语专业1—4年级的学生，年龄在18—23岁之间，共发放调查问卷60份，回收有效问卷54份，回收率达到90%。由于各年级人数有限，笔者从总体上把握，不再具体分为低年级组和高年级组。之所以选择这一时间进行调查是考虑到一年级学生在第一学年下学期，其日语词汇学习策略应该基本形成。此外，由于年级跨度大，无法实施词汇测试，故只进行了词汇策略调查。

另一部分为清华大学非专业日语二外的学生，除英语外，他们以日语为第二外语。共发放调查问卷和词汇测试卷各65份，回收有效调查问卷和词汇测试卷各47份，回收率达到72.3%。选择这一群体是因为：经过二外(1)学习后，一部分学生自愿主动继续选修二外(2)，他们应该已基本形成一定的日语词汇学习策略。同时，清华大学在这一时间学生补退选课流程已基本结束，二外(2)生源比较整齐，故选择这些学生为一组研究对象。

专业学生、非专业学生受试者学年、性别、年龄、专业分布情况请见表2、表3、表4。

**表2：专业学生学年性别分布**

| 专业学生(54人) | 学年 | | | | 性别 | |
|---|---|---|---|---|---|---|
| | 大一 | 大二 | 大三 | 大四 | 男 | 女 |
| 人数 | 18 | 16 | 10 | 10 | 8 | 46 |
| 比例(%) | 33% | 30% | 18.5% | 18.5% | 15% | 85% |

表3:非专业学生年龄性别分布

| 非专业学生(47人) | 年龄 | | 性别 | |
|---|---|---|---|---|
| | 19至22 | 23至28 | 男 | 女 |
| 人数 | 31 | 16 | 29 | 18 |
| 比例(%) | 66% | 34% | 62% | 38% |

表4:非专业学生学年专业分布

| 非专业学生(47人) | 学年 | | | | | | 专业 | | |
|---|---|---|---|---|---|---|---|---|---|
| | 大一 | 大二 | 大三 | 大四 | 硕士 | 博士 | 工科 | 理科 | 文科 |
| 人数 | 4 | 7 | 9 | 15 | 11 | 1 | 30 | 7 | 10 |
| 比例(%) | 9% | 15% | 19% | 32% | 23% | 2% | 64% | 15% | 21% |

3.2 调查问卷和词汇测试

(1) 调查问卷

调查问卷是笔者在先行研究基础之上,根据笔者个人学习经验、对五名学习者的询问记录、并充分照顾到日语词汇学习特点形成的,先行研究主要参考了O'Malley & Chamot(1990)的学习策略分类方法。本节的词汇学习策略共分为三大部分,即元认知策略、认知策略、社会情感策略。元认知策略由"选择性注意、计划、自我监控、评价"组成,认知策略由"死记硬背、结构归类、上下文推论、猜测、查辞典、活用、联想"组成,加上"社会情感策略"共12个变量,其中9个变量是由2～4个问卷题目组成,总共29项内容,详见资料。其形式是"非常同意A"到"非常不同意E"的李克特五级量表,因此平均值高于3则表示相应策略被学生运用较多,反之,则被学生运用较少。

(2) 词汇测试

词汇测试共由40个单词组成,在选取单词时,笔者仅从日本国立国语研究所(1984)『日本語教育のための基本語彙調査』中的「日本語教育基本語彙、意味分類体語彙表」中选词。具体方法:选取各子项中的第一个词,这样从「体の類」「用の類」「相の類」「その他の

類」四项中，共摘出799个单词。除去①标出读音的词，如：日（ひ・にち・じつ）；②重合的单词，如：「有無」「持つ」；③「点」「面」「員」「感」「ーまみれ」「アハハ」「あの（ね）」这样的词外，其余的采用随机等距抽词的方法，共得出40个单词，达到了单词测试的基本词汇量要求。其中「体の類」26个，「用の類」8个，「相の類」4个，「その他の類」2个。这一部分要求受试者不查辞典，①标出日语读音、②写出中文意思或日语同义词。词汇测试中的单词虽有一定难度，但笔者认为应该不超出二外（2）日语学生的能力范围。

问卷和测试均采用无记名方式。专业学生只做第一部分词汇策略调查问卷，非专业学生两部分都做。

### 3.3 分析工具

本书使用的工具为SPSS13.0软件。统计中笔者对专业学生和非专业学生的"词汇学习策略"分别进行了平均值和标准偏差的描述性分析，对非专业学生的"词汇学习策略"和"词汇成绩"进行了相关性分析，而对非专业学生成绩高（前25%）、成绩低（后25%）和"词汇学习策略"的关系进行了独立样本T检验。

## 4. 对词汇学习策略、词汇学习策略与词汇成绩相关关系的研究分析

### 4.1 专业学生与非专业学生词汇学习策略

54名专业学生和47名非专业学生词汇学习策略的平均值和标准偏差见表5。

**表5:专业与非专业学生词汇学习策略**

| 分类 | 策略 | 专业学生（54人） | | 非专业学生（47人） | |
|---|---|---|---|---|---|
| | | 平均值M | 标准偏差SD | 平均值M | 标准偏差SD |
| 元认知 | 选择性注意 | 4.5463 | .58494 | 4.3298 | .60142 |
| | 计划 | 3.4444 | .96479 | 3.1702 | .98509 |
| | 自我监控 | 3.8765 | .66445 | 3.7660 | .64425 |
| | 评价 | 3.1667 | .88488 | 2.8936 | .96084 |

| 认知 | 死记硬背 | 3.5833 | .78758 | 3.6489 | .79683 |
|---|---|---|---|---|---|
| | 结构归类 | 3.3519 | .94982 | 2.9043 | .79152 |
| | 上下文推论 | 3.9877 | .66655 | 3.7589 | .87007 |
| | 猜测 | 4.0231 | .73052 | 3.9468 | .62104 |
| | 查辞典 | 4.1667 | .88488 | 3.3191 | 1.1815 |
| | 活用 | 3.6389 | .68966 | 3.1915 | 1.0138 |
| | 联想 | 3.8750 | .68809 | 3.6702 | .68387 |
| 社会情感 | 情感 | 3.3611 | .99724 | 3.1809 | .83031 |

从表5中可以看出,专业学生所有策略的平均值均超过了3,这说明所有的词汇学习策略均比较经常地被专业学生所运用。元认知策略的使用表明专业学生可以规划自己的学习,其中,“选择性注意”使用最多。认知策略中,所有策略的平均值顺序为:查辞典>猜测>上下文推论>联想>活用>死记硬背>结构归类。其中,“查辞典”“猜测”使用最多,“结构归类”最少。同时,在专业学生中,社会情感策略被广泛使用。

非专业学生中,与专业学生相同的是“选择性注意”同样使用最多。而元认知策略中的“评价”(M=2.8936、SD=0.96084),认知策略中的“结构归类”(M=2.9043、SD=0.79152)不被经常使用。其余策略,除“死记硬背”策略,非专业学生略高于专业学生外,其他策略的平均值均低于专业学生,得出这一结论是可以理解的。认知策略中,所有策略的平均值顺序为:猜测>上下文推论>联想>死记硬背>查辞典>活用>结构归类。而社会情感策略的平均值也超过了3。

与非专业学生相比,专业学生更多地运用各种词汇学习策略。在认知策略中,专业学生与非专业学生“查辞典”的排序存在差异,其余策略的排序基本是一致的。这说明,与专业学生相比,二外学生学习日语时,由于专业课业忙而无暇多查辞典。

## 4.2 非专业学生词汇学习策略与词汇成绩的关系

表6:非专业学生词汇学习策略与词汇成绩的关系

| 分类 | 策略 | 策略内容 | Pearson相关性 | 显著性(双侧) | Pearson相关性 | 显著性(双侧) |
|---|---|---|---|---|---|---|
| 元认知策略 | 选择性注意 | 注意重点单词 | -.105 | .482 | -.005 | .972 |
| | | 注意常出现的单词 | .150 | .314 | | |
| | 计划 | 制定学习计划 | .030 | .843 | .030 | .843 |
| | 自我监控 | 认真复习 | .012 | .934 | .222 | .133 |
| | | 纠正错误 | .248 | .092 | | |
| | | 调整词汇学习策略 | .248 | .093 | | |
| | 评价 | 对词汇学习成绩分析总结 | .019 | .900 | .019 | .900 |
| 认知策略 | 死记硬背 | 反复朗读单词 | .058 | .697 | -.031 | .836 |
| | | 反复书写单词 | -.159 | .284 | | |
| | | 边读边写单词 | .063 | .674 | | |
| | | 利用单词表记忆单词 | -.023 | .880 | | |
| | 结构归类 | 把单词按词汇意义分类 | .133 | .371 | .107 | .472 |
| | | 把单词按语法意义归类 | .066 | .662 | | |
| | 上下文推论 | 记搭配词组 | .320* | .029 | .253 | .086 |
| | | 通过记句子记单词 | .065 | .663 | | |
| | | 广泛阅读,在文章段落中记单词 | .247 | .094 | | |
| | 猜测 | 根据句子成分结构猜测词义 | .119 | .424 | .219 | .140 |
| | | 根据语境猜测词义 | .230 | .120 | | |
| | | 利用日语汉字猜测词义 | .019 | .899 | | |
| | | 根据英语发音词义猜测日语外来语词义 | .300* | .040 | | |
| | 查辞典 | 通过查辞典了解单词的发音意义和用法 | .268 | .068 | .268 | .068 |

| | | | | | | |
|---|---|---|---|---|---|---|
| | 活用 | 做单词方面的词汇练习 | .153 | .305 | .270 | .066 |
| | | 通过具体的语言实践活动掌握单词 | .310* | .034 | | |
| | 联想 | 找出词汇规律 | .023 | .879 | .163 | .273 |
| | | 通过想象记忆单词 | .147 | .325 | | |
| | | 用已有的语言知识促进新单词学习 | .027 | .856 | | |
| | | 利用同义词反义词记忆单词 | .244 | .099 | | |
| 社会情感策略 | 情感 | 合作学习记忆单词 | .081 | .587 | .043 | .776 |
| | | 在单词学习上自我激励 | .000 | .999 | | |

*在 0.05 水平(双侧)上显著相关。

学习策略作为自变量,词汇成绩作为因变量,表6结果显示:12个策略中,没有一个大策略与成绩是显著相关的。而仅在单项内容中,认知策略中的“记搭配词组”(R=0.320,P=0.029<0.05)、“根据英语发音词义猜测日语外来语词义”(R=0.300,P=0.040<0.05)、“通过具体的语言实践活动掌握单词”(R=0.310,P=0.034<0.05) 显著性在 0.05 水平(双侧)。形成这一结果主要原因可能是:①日语汉字与中国汉字接近,使得学习者不费力即可猜出单词的中文词义;②日语二外(2)学生水平比较接近,平时自己专业课业繁忙,课外日语用功不多,分数上相差无几,故而策略对成绩的影响作用并不明显。

4.3 非专业学生词汇成绩高低与词汇学习策略的关系

**表7:非专业学生词汇成绩高低与词汇学习策略**

| 策略 | 策略内容 | 成绩高的学生 | | 成绩低的学生 | | | |
|---|---|---|---|---|---|---|---|
| | | M | SD | M | SD | 自由度 | T值 |
| 选择性注意 | 注意重点单词 | 4.08 | .900 | 4.42 | .793 | 22 | -.962 |
| | 注意常出现的单词 | 4.67 | .492 | 4.42 | .900 | 22 | .844 |
| 计划 | 制定学习计划 | 3.17 | 1.030 | 3.00 | .953 | 22 | .411 |

| | | | | | | | |
|---|---|---|---|---|---|---|---|
| 自我监控 | 认真复习 | 4.17 | .835 | 4.00 | .603 | 22 | .561 |
| | 纠正错误 | 4.50 | .522 | 3.83 | .835 | 22 | 2.345* |
| | 调整词汇学习策略 | 3.75 | .866 | 3.00 | 1.044 | 22 | 1.915 |
| 评价 | 对词汇学习成绩分析总结 | 3.00 | 1.044 | 3.00 | 1.206 | 22 | .000 |
| 死记硬背 | 反复朗读单词 | 4.17 | .937 | 4.08 | 1.311 | 22 | .179 |
| | 反复书写单词 | 3.17 | 1.403 | 3.33 | 1.435 | 22 | -.288 |
| | 边读边写单词 | 3.92 | .900 | 3.50 | 1.243 | 22 | .940 |
| | 利用单词表记忆单词 | 3.33 | .985 | 3.33 | 1.155 | 22 | .000 |
| 结构归类 | 把单词按词汇意义分类 | 3.00 | .853 | 2.75 | 1.138 | 22 | .609 |
| | 把单词按语法意义归类 | 3.08 | .900 | 2.75 | 1.215 | 22 | .763 |
| 上下文推论 | 记搭配词组 | 4.50 | .674 | 3.67 | 1.155 | 22 | 2.159* |
| | 通过记句子记单词 | 3.75 | 1.288 | 3.58 | 1.084 | 22 | .343 |
| | 广泛阅读，在文章段落中记单词 | 3.75 | 1.138 | 2.92 | 1.165 | 22 | 1.773 |
| 猜测 | 根据句子成分结构猜测词义 | 3.83 | 1.115 | 3.17 | 1.337 | 22 | 1.327 |
| | 根据语境猜测词义 | 4.25 | .866 | 3.33 | 1.155 | 22 | 2.200* |
| | 利用日语汉字猜测词义 | 4.33 | .985 | 3.92 | 1.311 | 22 | .880 |
| | 根据英语发音词义猜测日语外来语词义 | 4.83 | .389 | 4.33 | .778 | 22 | 1.990 |
| 查辞典 | 通过查辞典了解单词的发音意义和用法 | 3.75 | 1.055 | 2.67 | 1.073 | 22 | 2.493* |
| 活用 | 做单词方面的词汇练习 | 3.25 | 1.055 | 2.83 | 1.030 | 22 | .979 |
| | 通过具体的语言实践活动掌握单词 | 4.17 | 1.030 | 3.08 | 1.165 | 22 | 2.414* |
| 联想 | 找出词汇规律 | 3.92 | .793 | 3.33 | 1.073 | 22 | 1.514 |
| | 通过想象记忆单词 | 3.75 | .965 | 3.50 | 1.087 | 22 | .596 |
| | 用已有的语言知识促进新单词学习 | 4.08 | .793 | 4.08 | .669 | 22 | .000 |
| | 利用同义词反义词记忆单词 | 3.92 | 1.240 | 3.00 | 1.128 | 22 | 1.894 |
| 情感 | 合作学习记忆单词 | 2.92 | .793 | 2.92 | .900 | 22 | .000 |
| | 在单词学习上自我激励 | 3.25 | 1.055 | 3.33 | 1.231 | 22 | -.178 |

*在 0.05 水平(双侧)上显著相关。

每位学生的词汇分数总和被看作是其词汇成绩，取前25%为成绩高，取后25%为成绩低的学生，即前后各12名，用T检验来比较两者之间词汇学习策略的差别。结果表明，成绩高的学生在近76%的策略上，其平均值高于成绩低的学生。在4.2中已经涉及，二外(2)学生水平比较接近，因此，成绩高的学生和成绩低的学生其词汇策略的平均值并无太大的差异。成绩低的学生在“把单词按词汇意义分类”“把单词按语法意义归类”“广泛阅读，在文章段落中记单词”“通过查辞典了解单词的发音意义和用法”“做单词方面的词汇练习”“合作学习记忆单词”上其平均值低于3，“对词汇学习成绩分析总结”“利用单词表记忆单词”“用已有的语言知识促进新单词学习”“合作学习记忆单词”与成绩高的学生相等，“注意重点单词”“反复书写单词”“在单词学习上自我激励”则略高于成绩高的学生，但差别并不明显。

两者在“纠正错误”($P=0.028<0.05;T=2.345$)、“记搭配词组”($P=0.042<0.05;T=2.159$)、“根据语境猜测词义”($P=0.039<0.05;T=2.200$)、“通过查辞典了解单词的发音意义和用法”($P=0.021<0.05;T=2.493$)、“通过具体的语言实践活动掌握单词”($P=0.025<0.05;T=2.414$)的使用程度上存在显著性差异，这说明成绩高的学生更加注重在上下文、猜测和应用中学习语言，反映出他们词汇学习的灵活性。与成绩低的学生相比，成绩高的学生善于总结错误，并培养了查辞典的好习惯。

## 5. 结语

笔者此次以清华大学专业学生和非专业学生为调查对象，就其词汇学习策略、非专业学生词汇学习策略与词汇成绩相关关系、词汇学习策略对于成绩高低的影响进行了调查和分析。结果显示，专业学生所有策略的平均值均超过了3，除“死记硬背”策略非专业学生略高于专业学生外，专业学生比较经常地运用其他的词汇学习策略。专业学生和非专业学生使用最多的是“选择性注意”，即学生更加重视“重点单词”和“常出现的单词”。专业学生的认知策略中，

“查辞典”“猜测”使用最多,“结构归类”最少。而非专业学生不经常使用元认知策略中的“评价”、认知策略中的“结构归类”。无论是专业学生,还是非专业学生,均不擅长把单词按词汇意义或语法意义加以归类,因此,来自教师的策略指导十分必要。

12个大的策略中,无一与词汇成绩是显著相关的。而在单项内容中,“记搭配词组”“根据英语发音词义猜测日语外来语词义”“通过具体的语言实践活动掌握单词”与词汇成绩形成了显著的相关。产生这一结果主要可能是由于日语汉字与中国汉字接近,使得学习者过多地猜出了单词的中文词义。同时,日语二外(2)学生水平比较接近,所以策略对成绩的影响作用还不明显。

尽管如此,成绩高的学生仍旧比成绩低的学生更善于运用各种词汇学习策略。两者在“纠正错误”“记搭配词组”“根据语境猜测词义”“通过查辞典了解单词的发音意义和用法”“通过具体的语言实践活动掌握单词”的使用程度上存在显著性差异,这说明成绩高的学生更加注重在上下文、猜测和应用中学习日语,善于总结错误,并培养了良好的查辞典习惯。

此项研究应该是我国日语界第一个词汇策略调查研究,在问卷设计、样本选取、定量分析、实证研究上均形成一定的特点。今后的研究应加强对词汇质的把握,同时加大样本人数,增加动态考察。并使调查结果与教学实践相结合,促进日语词汇学习。

**资料:**

日语词汇学习策略调查问卷

学年________性别________年龄________专业________

你是进入大学后开始学习日语的吗?(1)是(2)不是

一、你的日语词汇学习方法(A 非常同意、B 同意、C 一般、D 不同意、E 非常不同意)

1. 注意重点单词　　A　B　C　D　E

2. 注意常出现的单词　　A　B　C　D　E

3. 制定学习计划　　A　B　C　D　E

4. 认真复习　　A　B　C　D　E

5. 纠正错误 A B C D E
6. 调整词汇学习策略 A B C D E
7. 对词汇学习成绩分析总结 A B C D E
8. 反复朗读单词 A B C D E
9. 反复书写单词 A B C D E
10. 边读边写单词 A B C D E
11. 利用单词表记忆单词 A B C D E
12. 把单词按词汇意义分类 A B C D E
13. 把单词按语法意义归类 A B C D E
14. 记搭配词组 A B C D E
15. 通过记句子记单词 A B C D E
16. 广泛阅读,在文章段落中记单词 A B C D E
17. 根据句子成分结构猜测词义 A B C D E
18. 根据语境猜测词义 A B C D E
19. 利用日语汉字猜测词义 A B C D E
20. 根据英语发音、词义猜测日语中的外来语词义
A B C D E
21. 通过查辞典了解单词的发音意义和用法 A B C D E
22. 做单词方面的词汇练习 A B C D E
23. 通过具体的语言实践活动掌握单词 A B C D E
24. 找出词汇规律 A B C D E
25. 通过想象记忆单词 A B C D E
26. 用已有的语言知识促进新的单词学习 A B C D E
27. 利用同义词反义词记忆单词 A B C D E
28. 合作学习记忆单词 A B C D E
29. 在单词学习上自我激励 A B C D E

二、下面共有40个单词,给每一个单词标出读音,并给出一个与其对等的中文意思或日语同义词。(不要查字典!)

創立、動力、行進、衝突、時代、左右、割り引き、主人、責任者、同盟、信仰、手段、冗談、美術、剣道、成績、支配、注文、工事、

木材、履き物、門、おもちゃ、水分、かび、健康、こむ、進む、打つ、努める、申し込む、しくじる、配る、濡れる、必要、厚い、詳しい、ぞんざい、および、拝啓

## 第3节　专业高级日语学习者的语连结学习研究

### 1. 绪论

在日语语言学和日语教学研究领域中，关于连语和惯用句，大多数是将它们放置在词汇研究或者词汇学习研究领域中进行的。日本国内外以日语学习者为对象的词汇学习研究至今历史尚浅。对连语和惯用句学习方面的研究，比起其本身的研究更是不多见。

本节首先接触“语连结学习”这个概念，其次，以中国高级日语学习者为对象，在研究他们语言输出中语连结学习的基础上，分析高级日语学习者语连结学习情况。并且，在立足于词汇学习领域的先行研究基础之上，探讨在中国的日语词汇教学研究中语连结学习教育在今后应该采取怎样的发展模式。

### 2. 语连结的概念

在研究语连结之前，首先有必要回顾一下连语和惯用句的概念。

根据日本国语学会（永野执笔 1980:920）的叙述，连语是“二つ以上の単語が連結して、単語よりも複雑な一まとまりの観念を表わし、しかも、まだ文をなすに至らないものを言う。（中略）広義には、連語は文または節（clause）に当たる”。例：「咲いた」「咲いたかしら」「きれいに咲いた」等。「咲いた」这样的连语被特称为“活用连语”。

关于惯用句，日本国语学会（永野执笔 1980:207）指出：“日本で慣用句というのは、いつでも二つ以上の単語が一続きに、または、

相応じて用いられ、その結合が、全体として、ある固定した意味を表わすものをさす。”例:「道草を食う」「一衣帯水」「無理からぬ」等。除此以外,惯用句中还包含了例如「ごめんください」「お供いたします」「お持ちいたしましょう」这样的固定句式。

关于固定句式,日本国语学会(宇野执笔1980:215)在“寒暄”“书信体”“能狂言的开头”“新闻报道”目录下是这样定义的:“ある場合に習慣的に使われる、型にはまったことば。”例:「こんにちは。どちらへ」「拝啓」等。

飞田等(国广执笔2007:171—172)中对“语连结”“连语”“惯用句”有如下说明。“语连结”(例:「花が咲く」)的特征是“自由結合、全体の意味自明(自由组合,整体的意义自明)”,“连语”(例:「はじをかく」)的特征是“固定結合、全体の意味自明(固定组合,整体的意义自明)”,“惯用句”(例:「うだつがあがらない」「蚊の鳴くような声」)的特征是“固定結合、全体の意味は個々の語の意味の総体とは異なる(固定结合,整体的意义同每个单语组合后意义不同)”。其中还有这样的描述:“「語連結」は従来の「連語」にあたるものであり、「花が咲く」「花を買う」「赤い花」などがその例である。”另外,“この三種類は境界がはっきりせず、いろいろと中間段階のものがあり得る。”

另一方面,从日语教学的立场上看,日本日本语教育学会(早津执笔2005:233—236)中,考虑了其和词汇指导的关系,首先指出“連語とは、2つ以上の語が組み合わさって、1つの語よりも複雑ではあるが一まとまりをなす概念を表すもの。”其次,描述了“単に複数の自立語から成る形式というだけでなく、2つまたは3つ以上の自立語が、1つが軸となり、他がそれに従属する関係で組み合わさって現実の1断片を名づけているもの(「作文を書く」「友人に会う」「のろのろ歩く」「広い家」「資源に乏しい」)を「連語」(「単語結合、語連結」とも)とすることがある。”再次,关于惯用句的定义是“慣用句とは、2つ以上の自立語が固定的に組み合わさって一定の意味を表しているものをいう。(中略)本質的には「語」に相当する言語単位といえる。”例:「腹が立つ」「肩をおとす」等。另外,“あい

さつとしての決まり文句(「おかえりなさい」「おかげさまで」)も慣用句に含めることがある。”

综上所述,总共出现了“语连结”“连语”“惯用句”“固定句式”这样四个单词、术语(schema)。关于词汇单位,山田(2002:40)指出:“語彙とは、「語および語に相当するものを単位とする集合」と言うべきである。「語に相当するもの」とは、語がもつ「形態および意味の面で緊密なひとまとまりをなし、原則として言語使用に先立って記憶されている」という性質を備えたもので、「手のひら」「気にする」「手を染める/足を洗う」など、形式的には句であるものや、「猿も木から落ちる」などの諺も含まれる。「ひとまとまりをなす」という性質は度合いをもつものであり、典型的に語であるものから典型的に語でないものまでが連続性をもってつながっていて、実際問題として語彙の単位を認定するのが難しいことがある。”

在进行日语词汇学习研究的时候,关于词汇用语,虽然应该在用语定义上多下工夫,但在现阶段的研究上因尚需完善,因此先统一使用“语连结”这个概念。本节中使用的“语连结”概念,在意义上整理如下。这样整理,一方面强调语言本身的自由度,另一方面也包含了“连语”“惯用句”“固定句式”这几个概念适用的范围。而且,将词汇学习研究也考虑在内。

| 语(单纯语·复合语·派生语等)→语连结(连语·惯用句·固定句式等)→句子 |
|---|

## 3. 日语学习者的语连结学习

关于高级日语教学,藤原·籾山(1997:1)将通过日语1级能力考试的学生视为拥有高级日语能力。在中国,日语专业学生在进入大三学年之后的12月(9月份是新学年开始)参加日语能力考试。知名大学日语专业学生几乎全体通过日语1级能力考试,因此本节中将这些学习者视为高级学习者,并以他们的输出为调查研究对象。

笔者以本科三年级学生为对象,从2005年9月到2007年7月的

3年间开设了日语口译课程。3年内的学生人数总共是38名。学年的前半期训练口译,后半期做类似同传的练习[①]。此次的分析数据是学年后半期实践活动的中日(强调快速口译)、日中(最多放三次磁带,强调快速口译)口译练习[②],学习者的自我评价以及反馈。

作为基础知识的一部分,高级日语学习者的词汇能力支撑听说读写译五种技能。在口译练习中,因为与书面语非常相似的正规表达很多,除去学习者在练习中文字表述的问题,仅将日语的语连结问题作为分析对象来研究。日语的练习资料是『ちょっと一言』(1983)中部分简短的投稿文章。投稿者的投稿日期、住址、职业和年龄在本节中略去。简洁明了、易于把握可以说是这本教科书的优点。中文版的练习用资料是讲座会议等场合的致辞发言,其中有关于清华大学的简单介绍。两套教科书均强调快速的反应。以下3的资料中,译文1是正确的,译文2是未译出的,译文3可以说是误译。另外,同样的译文,非常相似的重复的译法在此不做列举。

### 3.1 日译中的例子

#### 3.1.1 資料1:「平和ニッポン」

ことしの課題は、孫にわたしのことを何と呼ばせるかということ。(略)去年の十月、まだ45歳の若さだというのに、おばあちゃんになってしまったのです。(略)

そりゃあ、いくつでおばあちゃんになったって、孫はかわいいわよ。<u>目に入れたって痛くない感じ</u>。でも、問題はわたしの呼び名。まだ若いんだから「おばあちゃん」は絶対いや。パパ、ママでは親が困る。「大パパ、大ママ」では大ばかに聞こえるし、さて、なんと。お父さん、お母さんがいいかなとも考えたりしますが、これではわたしをそう呼ぶ娘がとまどいますしね。

(略)こんなのんびりしたこと考えていられるなんて、日本は平和な国ね。

---

① 因为没有同声传译专用的房间,在LL教室中以类似的形式进行了练习。

② 因为种种条件所限,无法使学生进行各自单独的口译并录音,因此使用了快速手写翻译。

「孫はかわいいわよ。目に入れたって痛くない感じ」

| | 代表性译文 | 38名 | 100% |
|---|---|---|---|
| ① | 孙子总是最可爱的,正所谓"含在嘴里也怕化"啊/孙子真是很可爱,含在口里怕化了,捧在手里怕摔了一般疼爱他/我的小孙子还是相当可爱的,真是含在嘴里都怕化了一般将他视为掌上明珠/不禁产生爱怜的感觉/孙子很可爱,让人疼爱不已/孙子非常可爱,我对他疼爱得不得了/孙子很可爱,我非常喜欢他 | 30名 | 78.9% |
| ② | 小孙子十分可爱/孩子倒是挺可爱的 | 4名 | 10.5% |
| ③ | 孙子非常可爱,我非常喜欢他,喜欢到把他放在眼睛里也不觉得痛 | 4名 | 10.5% |

3.1.2 資料2:「教え子から」

新年おめでとうございます。お元気ですか。先生、ぼくは在学中は悪い生徒で、大変ご迷惑をかけました。許してください。心を入れかえ、いま島根県のホテルでコックの見習いをしています。いずれ、小さな店でも持ちたいと思ってがんばっています。

うれしいですね。こんなはがきをもらうと。高校在学中は、同級生は殴る、教師には反抗する。暴走グループの主要メンバーで学校はサボってばかりという、手に負えぬ生徒。昨年の夏のはじめ、中途退学した子でした。その彼がこんな賀状をくれるとは。(略)

「心を入れかえ」

| | 代表性译文 | 38名 | 100% |
|---|---|---|---|
| ① | 我现在洗心革面,在岛根县的一个酒吧学习厨艺/我现在改过自新,在一家酒店…… | 17名 | 44.7% |
| ② | 现在我在岛根县的一家旅馆里工作/我现在在岛根旅馆刻苦见习/去年开始我在岛根县 | 15名 | 39.5% |
| ③ | 现在正用心地在岛根县的一个地方工作/我改变心境,现在在岛根县的饭店见习/改头换面的我在岛根县的饭馆实习 | 6名 | 15.8% |

「手に負えぬ生徒」

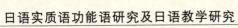

| | 代表性译文 | 38名 | 100% |
|---|---|---|---|
| ① | 不断逃课，是个令人头疼的学生/是暴力团伙的主要成员，完全拿他没办法/碰到这样的学生，老师也很头痛吧 | 15名 | 39.5% |
| ② | 还经常逃学的这样一个学生/不上课的学生 | 15名 | 39.5% |
| ③ | 逃学，什么都做过/旷课逃学，真是不可思议/还是逃课组的主要成员之一，很不好 | 8名 | 21.1% |

3.1.3 資料3：なぜ外国語

最近、新聞や雑誌、広告などに横文字がはんらんしています。時代の流れなのでしょうか、あまりいいこととは思えません。安易に使われるせいか、間違えている場合もずいぶんあります。

この間なんか、大新聞に出ていた本の広告に英単語が使われていましたが、メッセージがマッサージになっていました。たいへんな違いです。

そればかりではありません。カナ書き外国語がやたら多く、とまどうばかりです。主人はアメリカ人で、日本語が読めますが、カナ書き英語は意味不明だといって顔をしかめています。日本語はすばらしいのに、なぜ、わざわざ外国語を使わなくてはならないのでしょう。

「顔をしかめています」

| | 代表性译文 | 38名 | 100% |
|---|---|---|---|
| ① | （他很不高兴）皱起眉头/不由皱起了眉头/他却看不懂，感到很不可思议/总是很困扰 | 22名 | 57.9% |
| ② | 可却看不懂日语假名书写的外语/他常说 | 4名 | 10.5% |
| ③ | 假名英语看不懂，沉着脸说/他看到用假名书写的英语时不禁感慨/他说日语中用假名写的英语外来语的意思表达很不明确/也经常用外来语 | 12名 | 31.6% |

3.1.4 資料4:くたびれもうけ

夜桜見物の席を確保するために、昼から座り込むという話が出ていたけど、実は、おれもその一人だったんだ。きのう(九日)会社の花見宴をするため、幹事のおれは五時起き。靖国神社へすっ飛んだ。四本の桜を柱にビニールテープを張って、二十畳ほどのナワバリをつくり、テープに××会社席と書いた紙をぶらさげて準備完了。あとは座り込み。

雑誌や新聞を読み、ラジオを聞いて退屈しのぎしていたけど、ござではケツが痛く、しかも冷えて、つらいのなんのって。そのうち空が暗くなり夕方にはぽつり、ぽつり。結局、雨で花見はパー。骨折り損のくたびれもうけって、このことだね。

「骨折り損のくたびれもうけ」

| | 代表性译文 | 38名 | 100% |
|---|---|---|---|
| ① | 找累受/自讨苦吃/就这样我们徒劳无功(劳而无功)/白忙活一场,完全白费/这真是"竹篮打水一场空"/这真是白费力气 | 21名 | 55.3% |
| ② | 赏花因雨而泡汤了/夜里赏花的打算就这样结束 | 10名 | 26.3% |
| ③ | 相当疲劳/无聊的准备 | 7名 | 18.4% |

3.1.5 分析

| 语连接 | 正解(名/%) | 未译(名/%) | 误译(名/%) |
|---|---|---|---|
| 目に入れたっていたくない | 30名/78.9% | 4名/10.5% | 4名/10.5% |
| 心を入れかえ | 17名/44.7% | 15名/39.5% | 6名/15.8% |
| 手に負えぬ | 15名/39.5% | 15名/39.5% | 8名/21.1% |
| 顔をしかめています | 22名/57.9% | 4名/10.5% | 12名/31.6% |
| 骨折り損のくたびれもうけ | 21名/55.3% | 10名/26.3% | 7名/18.4% |
| 平均值 | 21名/55.26% | 9.6名/25.26% | 7.4名/19.48% |

总体来看,从平均值入手分析,38名学习者中,口译正确的人数有21人,约占总数的55.26%,超过半数。其次,因未听清而未译出的学习者有9.6名,占总数的25.26%,大约四分之一多。误译的学

习者有7.4名，占总数的19.48%，不足五分之一。由此，大三学生口译教学中的日译中语连结学习情况可窥一斑。

“语连结”中，与身体相关的词汇运用很多。上述的五个“语连结”中，白石(1988)在《国语惯用句大辞典》中将「手に負えない」「顔をしかめる」归到惯用句中，剩下的三个词组没有纳入词典。本节中将「目に入れたっていたくない」「心を入れかえ」「手に負えぬ」「顔をしかめています」「骨折り損のくたびれもうけ」作为“语连结”的例子列举出来，但这几个词组是不是语连结的具有普遍代表性的例子，今后尚需斟酌。

3.2 中译日的例子

3.2.1 資料1

天高く馬肥ゆる秋の日の今日、田中先生による特別講座が当大学で開催されることとなりました。(在这秋高气爽的季节，田中先生的特别讲座在我校召开了。)

译文：天高く馬肥ゆる秋の日の今日

| | |
|---|---|
| 1 | この天高く馬肥ゆる(秋の)(美しい)季節に |
| 2 | この天高く馬肥ゆる秋の季節の中で |
| 3 | このような天高く馬肥ゆるの季節に |
| 4 | このうつくしい中秋の好時節に |
| 5 | この金木犀の香りがする好季節にあたり |
| 6 | この爽やかな秋の好時節にあたりまして(この爽やかな秋に) |
| 7 | 天高く馬肥ゆるこの(秋の季節に)(好時節に) |
| 8 | 天高し(天高く)馬肥ゆるの季節に |
| 9 | 空高く爽やかな秋の季節に |
| 10 | 秋の風が爽やかに吹き、この(ような)好時節に |
| 11 | 秋の風が爽やかに吹くこの季節にあたり |
| 12 | 秋の風があざやかに吹く季節にあたり |
| 13 | 秋の風がさわやかに吹き、金木犀の香り漂うこの好時節に |

| | |
|---|---|
| 14 | 秋の風が吹かれているこの季節にあたりまして |
| 15 | 秋の風が爽やかに吹き |
| 16 | 風のさわやかで、きんもくせいの香り漂うこの好時節に |
| 17 | 金木犀漂う、爽やかな風が吹いて好時節に |

译文：当大学で開催されることとなりました

| | |
|---|---|
| 1 | 我が校に開くこととなりました |
| 2 | 我が校で開くことになりました |
| 3 | 我が校でお開くこととなります |
| 4 | 我が校で開かれることと(に)なりました |
| 5 | 我が学校で開かれます |
| 6 | 我が学校で開かれることとなりました |
| 7 | 我が学校が田中先生からの特別な講座が開かれました |
| 8 | 我が校で行られることになりました |
| 9 | 我が学校で行いまして |
| 10 | 我が校で開催することとなりました |
| 11 | 本校に開催されることになりました |
| 12 | 本校で開催することになりました |
| 13 | 本校で開かれることとなりました |
| 14 | 本校でお開きすることになりました |
| 15 | 本学で開催されることになりました |
| 16 | 本学にお開きことになりました |
| 17 | 本学でお開くことになりました |
| 18 | 本学に開かれました |
| 19 | 本学で開くこととなりました |
| 20 | 田中先生の特別講座を我が校で開いてくださいました |
| 21 | 田中先生の特別講座をわが校にお迎えさせていただくことになりました |
| 22 | 田中先生は当校で特別講座を行うことになっています |
| 23 | 田中先生が本学に来講していらっしゃいました |

3.2.2 資料2

清華大学は1911年に<u>創設され</u>、現在学院が9つ、学部が43ございます。在学中の学部生が1万6千人、大学院生が4千人おります。1999年日本語学科が<u>再び設置されました。</u>(清华大学创办于1911年,(略)1999年重新开设了日语专业。)

译文:創設され

| 1 | 成立し(た) |
|---|---|
| 2 | 成立しました |
| 3 | 成立され(て) |
| 4 | 建立され(て) |
| 5 | 落成してから |
| 6 | 創立し(ました) |
| 7 | 創立され |
| 8 | 創校し |
| 9 | 創設され |
| 10 | 誕生したことになりました |

译文:再び設置されました

| 1 | 日語本学科は(が)(も)再開されました |
|---|---|
| 2 | 日本語学科が開かれましたのは1999のことです |
| 3 | 日本語学科を再び設しました |
| 4 | 日本語学科が改めて設けされました |
| 5 | 日本語学科が再び(改めて)設立されました |
| 6 | 日本語学科を建て直しました |
| 7 | 日本語学科が改めて設置された |
| 8 | 日本語専攻は改めて設立されました |
| 9 | 日本語専攻(専業)が再び開設されました |
| 10 | 日本語専門を改めて開設された |
| 11 | 再び日本語学科を成立しました |

| | |
|---|---|
| 12 | 再び日本語学科を設立しました |
| 13 | 再び日本語学科を設置しました(が設置された) |
| 14 | 再び日本語専攻を設置しました |
| 15 | 再び日本語学科を開設することとなりました |
| 16 | 改めて新しく日本語学科を設置しました |
| 17 | もう一度日本語学科が開設されることになっております |
| 18 | 1999年から、日本語学科が二度開設されることとなりました |
| 19 | 特に日本語科が再建されました |
| 20 | そして、日本語学部を再び開きました |

3.2.3 資料3

最後になりますが、今日の講座が成功裡に行われますよう、お祈りいたします。(预祝今天大会取得圆满成功。)

译文:今日の講座が成功裡に行われますよう、お祈りいたします。

| | |
|---|---|
| 1 | 今日の大会は無事円満に成功しますよう(するように)願っております |
| 2 | 今日の大会を円満に終わますよう願っております |
| 3 | 今日の大会が無事円満に成功することを願ってやみません |
| 4 | 今日の大会が無事円満に終了することを心から祈っております |
| 5 | 今日の大会が円満に成功を収めようと願っております |
| 6 | 今日の大会が無事円満に収めるよう祈っております |
| 7 | 今回の大会が円満に成功を収めますよう願っております |
| 8 | 今大会が期待した以上無事円満に終了することを願っております |
| 9 | この度の大会が円満的に成功ができますようお願いいたします |
| 10 | この度の大会が無事円満に終了するよう祈っております |
| 11 | 本日の会議は無事円満に成功を収めることを願っております |
| 12 | 本日の大会は円満に成功を収めるよう祈っております |
| 13 | 本日の大会が成功を収めますようお願い申し上げます |
| 14 | 本日の大会が円満に終わることを願っております |

| 15 | 本日の大会を無事円満に成功を収めるよう願ってやみません |
|---|---|
| 16 | 本日の大会を円満に成功されるため、心から祈っております |
| 17 | 最後に、今日の大会は成功におさめるようにお祝い申し上げます |
| 18 | 最後、今日の大会が無事円満に終了することを祈っております |
| 19 | 最後に、本日の大会を円満に成功することを願っております |
| 20 | では、大会が円満に成功をおさめることを祈念いたします |
| 21 | では、最後に今日の大会を無事円満で終了させるように祝ってやみません |
| 22 | では、今回の大会を成功させように乾杯いたしましょう |

3.2.4 分析

「開く、開催する」「成立、創設、創立」「改めて、再び」「設置、設立、成立、開設」「再開、再建」「祈る、願う、祝う、祈念」等词语，虽然作为同义词意思上稍有不同，但总体来说确实拥有非常相近的共通的意义。从学习者的资料中可以看出这类词语使用混乱的例子。另外，受中文“负迁移”的不利影响以及日语类义词使用混同等影响，出现了同语境不相符的「あざやか」「成立、建立、落成、誕生」「専業、専門」「再開、再建」、日语中不存在的「創校、設す」等词语的使用现象。从词的意义出发到语连结学习，再从语连结学习到词的意义的再确认，应是今后重要的学习课题。

其次，关于3.2.1的例子，像前半节的译文3「このような天高く馬肥ゆるの季節に」以及前半节的译文10「秋の風が爽やかに吹き、この(ような)好時節に」这样，句中画线的部分属于误用，或者属于连接不顺。因此，探讨词的词汇意义的同时，也应对语法功能加以重视。

3.3 学习者的反馈

笔者以各个学年的学习者为对象，进行了两次自由填写式反馈调查。除了逻辑的整合性以外，学习者还从流畅度、正确度、译文的完成度、背诵和实际的运用、单词量、学习策略等方面给予了反馈。所谓能力，心理学将其分为“actual ability”(现实能力)和“potentiali-

ty"(潜在能力)。而且,根据林(2005)的研究,达到同声传译潜在能力的条件有"母语能力""翻译到外语的正确度""翻译到母语的语言切换能力""涉猎广博的知识能力"这四点。一般来说,同声传译能力指的是从外语到母语的口译能力。然而,在中国,除此以外还要求母语到外语的口译能力。因此,将林(2005)的观念稍做修正,如果总分设为100分,将其再分类为"日语以及中文的能力"(25分)、"日语以及中文的正确度"(25分)、"流畅度"(25分)、"与口译相关的知识"(25分)4点。以达到程度100%为基准来计算,得出的结果是:学习者的"日语以及中文的能力"为81.48%,"正确度"为72.76%,"流畅度"为71.56%,"与口译相关的知识"为75%。这些数据和事先设想的结果基本一致。今后,对于目标未达成的20%到30%,应在输出方面多下工夫。但是,对于正确度、流畅度和语连结学习之间直接关系的实证研究,今后仍然非常必要。

## 4. 词汇–词汇学习的先行研究

根据森山(2002:152)的论述,语言学中的意义研究、第二外语习得研究中日语词汇习得研究进展缓慢的原因同构造主义语言学·行为主义心理学·生成文法的理论兴起有关。进入21世纪之后,词汇学习研究渐渐受到重视,研究论文也在相应增加。

### 4.1 日本的日本语学研究

近年,从日本语学立场上出发的研究有山田(2002)、石田(2004)等。山田(2002)以将"动词–形容词"作为"基本の分類枠(基本的分类框架)",从"語の意味の関連性(词的意义的连续性)"出发叙述了词的新分类方式概略,以求有助于词汇的实际记述。石田(2004)从"惯用句"意义的固定性出发,认为固定程度是惯用句契合度的标准,并针对日本的惯用句进行了分析。

4.2 日本的日语教学研究

从日语教学的立场上看，日本国内以日语学习者为对象的语连结研究有三好(2007)。三好(2007:80)关注了连语指导，在实验中运用连语(自由结合)的指导，由此证实这样做比从单词意义出发的指导更为有效。其原因在于“塊で覚えることの効果(整块记忆的效果)”和“記憶における符号化方略の使用の促進(记忆中符号化策略使用的推进)”。对于语连结学习指导来说，这样的实证研究开阔了新的视野。另一方面，正如三好(2007:87)所指出的那样：“本书における連語指導は効果検証のためにモデル的に策定したものであり、連語による効果的な指導方法を明らかにしたものではない。”

4.3 中国的日语教学研究

在词汇学习研究领域，中国的日语教学界做出研究贡献的有松下(2002)和王(2007)。松下(2002)考虑了中国人日语学习者日语汉字词汇习得面的正迁移和负迁移，提出了在初级阶段日语词汇学习的模板化即“言語学習を構成する一部分として独立して学習を進める”(第51页)。

王(2007)调查了中国大学日语专业和非日语专业日语学习者词汇学习策略问题，同时，再次强调了来自教师词汇指导的重要性。

## 5. 关于语连结学习

5.1 词·语连结·句子·语法指导的关系

无论是听说读写译这五项技能，还是音声·文字·语法等的学习，都离不开词汇的学习。在学习第一语言(母语·母国语)的时候，既学习了语言意义，也包括了使用场合、使用方法等。与此相对，对于在日本以外学习日语的学习者来说，日语这样的目标学习语言是在没有使用环境的情况下学习的，可以想象能够学习的范围是有局限性的。因此，在包括词汇学习的日语学习中，首先要让学

习者理解教师和词典的说明。其次，在指导动词意义和用法的时候，需十分关注语法功能。日本语教育学会（早津执笔2005:234）中有这样的叙述："語彙と文法とのかかわり、連語の型とその要素としての単語の意味とのかかわりという観点からの連語の捉え方が有効である。"在词汇学习的时候，并非单纯的某个词汇的教授，而是结合具体场面中的语连结、句子提示，使学生能够方便掌握。例如，通过完成任务式的教室内外学习活动来进行。同时，并列、添加、补足、说明、转换、相继、选择、顺接、反论等接续词的学习也包括在内，还应注意流畅度、追求正确度、基本意义、文体的意义（位相）、统语功能等方面。目前的教材，北京大学编《新编基础日语》中加设了"（コミュニケーション機能）交际功能"，上海外国语大学编《新编日语》中加设了"（ファンクション用語）功能用语"项目，期望能将教科书中的内容应用到实际的语言生活当中。

5.2 各种学习策略

根据王（2007）的研究，非专业日语学习者中，成绩好的学习者经常使用语境、猜测、活用、查辞典等认知策略。另外，也经常使用纠正错误等元认知策略。而且，不管是否是专业学生，均不擅长根据词汇意义或者语法意义进行归纳的认知策略。因此，要运用好语境中的意义类推、推测、联想、替换等认知策略，来自教师的词汇指导是很必要的。

其次，关于背诵和运用的关系，在词汇学习之后能否在实际的交流中运用尚是一个很大的问题。除了推荐多阅读之外，还有必要研究与短期记忆相对的长期记忆。任务课题之外，在实践活动中锻炼自己，增加使用经验以加深记忆，使之形成习惯。

另外，学习者到达了一定学习阶段之后，常有到达瓶颈期的情况。因此，还需要加强针对词汇学习动机形成等情意策略的指导。

## 6. 结论和今后的课题

### 6.1 结论

本节中通过口译教学活动,研究了词・语连结的使用方法、意义的学习、用法(语法上的使用方法)的学习、词的位相、句子的文体。另外,阐明了学习者在沟通交流的时候,正确度和流畅性尚有所欠缺。

对于日语学习者来说,日语词汇学习中,除单词外,语连结等的学习是一个难点,如果不充分掌握将会造成交流上的不便。因此,学习者在学习日语的时候,教师还应教授具有词汇・意义・语法・语境特征的语连结构造内容。

### 6.2 今后的课题

必须再次认识:关于日语语言学中意义研究、第二语言习得研究中日语词汇习得研究这两者的重要性。从日语教学立场上看日语语言学研究,从"語の意味の関連性(词的意义关联性)"出发的词的新分类方式要求对语连结其本身进行深入的探讨。

松下(2002:50)指出"日本語と中国語の対照研究は70年代末から盛んに行われてきたが、言語習得研究に裏付けられた応用は十分ではない。"今后还应将对比分析和误用分析的成果运用在第二语言学习上,同时考虑如何将成果运用到教学大纲、教学计划、教学活动、教科书编写上。

本节中涉及了语连结的一般性学习,至于个别学习者是如何进行词汇学习的,如何学习才能使学习效果倍增,即关于学习过程的研究课题尚有待探讨。另外,包括语连结学习在内的对于日语学习者词汇学习指导的实证研究、短期记忆和长期记忆的关系、长期记忆和储存记忆的关系,关于教科书中语连结学习的考察等,均有待今后继续研究。

# 第4节　大学专业学生习惯表现学习研究

## 1.研究背景

在大学日语专业口译教学中,笔者发现:对于学习者来说,理解和记忆尚可,但涉及具体语言的使用,多有不正确或者不合适的情况。其次,与原文文体不相应的、与语言习惯相悖的译文也多有出现。除此之外,还有母语的干涉作用。

只有出现频度高、分布广的问题,方有研究的意义和价值。口译学习当中,习惯表现的内容非常多。"习惯表现"研究作为词汇研究的领域之一,同学习者语言学习的正确性密切相关。因此,这方面的教学必不可少。本节中具体分析了在中国使用的两种口译教材关于"习惯表现"的相关内容。这两本教材分别是:1. 苏(2000)《日语口译教程》(以下简称《教程》);2. 曾原著,陆等改编(1999)中央电视台教育节目用书《日语口译基础》(以下简称《基础》)。通过以日语语言学、日语教学为中心的分析研究,希望能对日语口译教学有所贡献。

## 2.先行研究

包括连语、语连结在内,与习惯表现相关内容的先行研究有三好(2007)、王(2009a)(2009b)等。参考王(2009a),日语词汇中的"习惯表现"是这样定位的。

(词(单纯词·复合词·派生词)→语连结(连语·惯用句·习惯表现)→句子)

本节中提到的"习惯表现"究竟是一个什么概念呢? 笔者认为这基本上和英语的"lexical chunks"的概念是相通的,是作为一个"单词"或者是一个"语言单位(词块)"来使用的。"习惯表现"多数情况下是指普通的三个及三个以上的词汇组合,即多词汇组成的语言单位。这样的词汇在构造和意义上既有固定的也有不固定的。"习惯表现"与"惯用句"不同的一点是,它的一部分是可以用句子构造

来分析的。

濮(2003:443)这样描述:"词块是一个具有一定结构、表达一定意义、容许不同抽象度的、频繁使用的、预制的多词单位。"马(2009:54—55)对词块则有这样的描述:"词块为扩展化搭配(extended collocation),是在语料中出现的词组合。它们可以是两词组合、三词组合、四词组合或者四词以上组合。这些词组合在结构、意义上可以是完整的,也可以是不完整的。"

日本连语的教材、练习册有以下5种。

(1) 秋元美晴・有贺千佳子(1996)『ペアで覚えるいろいろなことば　初・中級学習者のための連語の整理』武藏野書院

(2) 神田靖子・佐藤由纪子・山田あきこ(2002)『日本語を磨こう:名詞、動詞から学ぶ連語練習帳』古今书院

(3) 加藤由纪子等(2005)『留学生のための分野別語彙例文集』凡人社

(4) 小野正樹・小林典子・長谷川守寿(2009—2010)『コロケーションで増やす表現—ほんきの日本語』Vol.1-2, くろしお出版

(5) 神田靖子等(2011)『連語を使おう—文型・例文付き連語リストと練習問題』古今書院

口译教材中关于习惯表现的内容很多。本节以上文提到的两种口译教材为中心,主要分析其中的"歓迎・初めての挨拶(欢迎・初次见面的寒暄)"(《教程》pp.5—9、《基础》pp.12—14)、"宴会での挨拶(宴会中的寒暄)"(《教程》pp.119—121、pp.124—125、《基础》pp.217—223)两个场景中使用的"习惯表现"。

## 3. 形式、意义和功能

本节在考虑句子构造的同时,立足于分类基础上分析其形式、意义、功能、作用等。

3.1 形式

"习惯表现"与连语不同，和"惯用句"也有一定差异。高级日语学习者口译学习中的习惯表现多是固定词汇组合，分类本身很有难度。关于"习惯表现"，"欢迎·初次见面的寒暄"话题中，《教程》里面有77个，《基础》里面有26个；"宴会中的寒暄"话题中，《教程》里面有56个，《基础》里面有68个。将这些习惯表现分类，大致有以下4种。

① 单词类的习惯表现。例如：よろしく。

② 习惯性的单词组合，构造较短。例如：少々お待ちください。

③ 同句子构造有关系的词语构成形式，例如：a. 当然のことながら～；b. ～のご健康を祈って乾杯いたしましょう。

④ 同句子构造有关系的句子形式，例如：必ずや～に違いありません。

3.2 意义和功能

关于功能，"习惯表现"可以总结为以下几项。

3.2.1 "欢迎·初次见面的寒暄"

| (1)《教程》("欢迎·初次见面的寒暄") | (2)《基础》("欢迎·初次见面的寒暄") |
|---|---|
| ① 表示欢迎与应答(a. 表示欢迎、b. 感谢欢迎) | ① 欢迎(a. 主人欢迎、b. 客人感谢) |
| ② 初次见面 | ② 问候语(a. 久别再见面、b. 问的一方、c. 回答的一方) |
| ③ 表示久违 | ③ 初次见面 |
| ④ 表示拜托 | |
| ⑤ 请求稍等 | |
| ⑥ 让人稍等之后 | |
| ⑦ 要插话时 | |
| ⑧ 要求确认 | |
| ⑨ 有关天气的问候与应答 | |

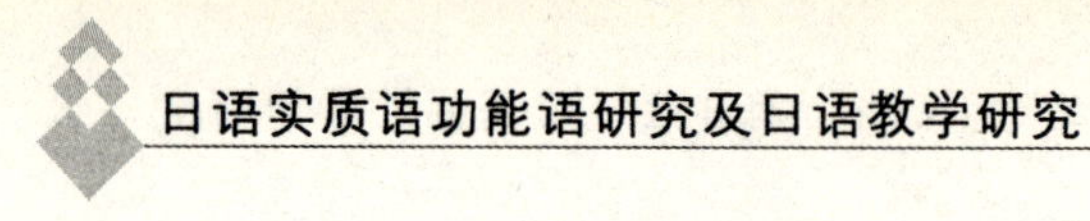


3.2.2“宴会中的寒暄”

| (3)《教程》“宴会中的寒暄” | (4)《基础》“宴会中的寒暄” |
|---|---|
| ① 请允许我代表××讲几句话 | ① 致辞的开场白 |
| ② 表示庆贺 | ② 致辞的结束语 |
| ③ 不言而喻 | ③ 欢迎的表达方法 |
| ④ 表示确信/深信 | ④ 欢送的表达方法 |
| ⑤ 祝酒词 | ⑤ 表示感谢的说法 |
| ⑥ 深切感到…… | ⑥ 表示荣幸、敬意、钦佩的说法 |
| ⑦ 终生难忘 | ⑦ 表示赞扬的说法 |
| ⑧ 表示结束致辞 | ⑧ 表示印象的说法 |
| ⑨ 感谢热情接待 | ⑨ 表示相信(确信、深信)的说法 |
| | ⑩ 表示决心、号召的说法 |
| | ⑪ 表示友谊(友好、热情)的说法 |
| | ⑫ 表示高兴(喜悦)的说法 |
| | ⑬ 表示希望(理解、支持、协助)的说法 |
| | ⑭ 表示祝愿(祝贺)的说法 |

“习惯表现”功能的分类大致是以上几项。传统学习方法之一,语言的习得从单词开始,慢慢进入构造和语法的内容,之后有对行文全体的把握方面的考虑。但是,语言中有很多的“习惯表现”,在“习惯表现”中意思和功能的结合非常重要。因此,在口译教学中,“习惯表现”的学习比单词的学习更加重要。通过“习惯表现”学习,能够尽可能地避免使用错误,流畅地正确地运用语言。因此,“习惯表现”学习可以说是能够对谈话有一个全局性的把握认知并且与儿童学习语言习惯规则相适应。

日语中,根据日语口译习惯、固定表现、构造和组合、使用环境等,不同的表现形式相对固定。如果将它们作为一个词语或者一个语言单位一起记忆使用,能够在总结意义的基础上学习,同时也能得到语言词汇的积累。

## 4. 作用

“习惯表现”学习也分为“理解”和“表现”两类。“理解”要比“表现”简单一些。因此,要在“表现”的指导上多下功夫。日语词汇中“习惯表现”学习,其作用主要体现在以下几个方面。

### 4.1 形式的记忆

以基本动词为中心,考虑语法构造和意义的组合。因为形式基本上固定,所以能把语法构造和意义组合关联起来记忆。在考虑名词、动词、形容词等组合的基础上,通过修正错误、填空、改写、联想扩充等练习,正确记忆“习惯表现”的固定表现形式。

### 4.2 选择合适词语

因为记住了固定的单词形式,所以能根据前后关系选择合适的词语。

### 4.3 词汇的功能

因为有习惯性的组合,所以能从中领悟场面等各种内容。能够从语法上的相互关联,经常使用的语境、组合的方法、组合的内容中推测各种信息。

### 4.4 口译中的流畅性

“习惯表现”,与其说是单词,不如说是单词之上的语言单位,与流畅性密切相关。例如:表现一定会怎样的「必ずや」等。根据选择、再现,能够做出创造性的翻译。

## 5. 总结与课题

日语词汇中“习惯表现”相对来说是比较固定的内容,是形式、意思、功能、语境各方面的统一体。因此,笔者认为日语词汇“习惯表现”的学习是和学习者的“表现”密切相关的。

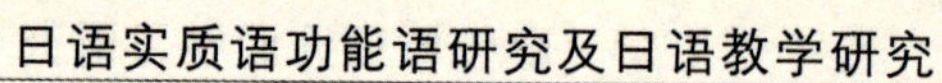


今后的课题：

（1）非常有必要制作口译中的“习惯表现”数据库。

（2）关于“lexical chunks”和“习惯表现”，持续的探讨和教学效果的验证很有必要。掌握语言的同时，如何掌握这种语言所使用的语境也是今后一个重要的研究课题。

# 第4章　日语学习动机、课程设置及教材研究

## 第1节　大学日语专业学生学习动机

### 1. 绪论

近年来,仅持日语专业学位学生的就业、升学等问题变得更加严峻。关于这个问题,早在2003年12月6日,在北京外国语大学召开了关于日语专业发展的专题研讨会,翌年的2004年4月24日在北京师范大学召开了关于今后日语专业的建设和发展研讨会。学会上,相关人士就日语专业的大纲以及教学计划等事宜做了充分的讨论和研究。但是,几乎所有学者的研究和发言都是从教师的角度出发,均局限于教学的立场,而从学习者的角度出发并以把握日语教学现状为目的的调查研究,除王(2005c)外,几乎为零。

另一方面,日本国内的日语教学,已经从"教える(教学)"的角度向关注学习者的"学びを支援する(辅助学习)"的角度发生教学模式的大转变。如果仅从教学者的逻辑出发推动教学进程的话,可能会造成某个阶段上教学者的理论和学习者的学习动机、学习需求和学习实际状态等的背离。因此,要解决这个问题,应当不囿于教师应该怎样的观念,而应从学习者的学习动机形成研究入手,在此研究的基础上,努力向自己设立的教学目标靠拢。本节中调查了关于中国日语学习者学习动机形成过程的问题,希望研究成果能够有助于今后教学大纲和教学计划的改善,有助于日语学科的建设和发展。

## 2. 先行研究

在第二语言习得研究和外语学习研究中,学习者的动机研究是一个重要的要素,向来被很多研究者所关注。关于这方面的先行研究,缝部(2001)和守谷(2002)做了相当完善的总结,无需赘述。

在加拿大,从20世纪50年代末开始,研究英语、法语双语教学的R. Gardner和W. Lambert等人开启了关于这方面的正式研究。在这里笔者关注了他们的两种动机形成理论,一种是目标语言说话人出于希望成为该社会一员的“統合的動機づけ(综合的动机形成)”理论,以及以就职升学为目的的出于实际利益或者说是实用角度出发的“道具的動機づけ(工具的动机形成)”理论。“综合的动机形成”和“工具的动机形成”均从第二外语习得角度出发。20世纪80年代,与学习心理学结合,又出现了外部动机形成联动内部动机形成的研究。缝部(2001:124—125)将“統合的動機と道具的動機は外から与えられると充足されるという性格の動機”,定义为“外発的動機づけ(外部动机形成)”,从外部动机形成出发“次第に外国語学習そのものに興味や意欲を持つようになる”命名为“内発的動機づけ(内部动机形成)”。这里提到的“動機(动机)”都视为“動機づけ(动机形成)”。

1990年以后,第二语言习得动机形成研究从社会环境要素大范围向教育实践领域过渡。在日语教学领域,具体来讲主要体现在某个具体国家或地区的语言学习人群动机形成过程的调查研究。十年间,国外致力于动机形成问题调查的有缝部·狩野·伊藤(1995)、成田(1998)、郭·大北(2001)等人。正如加贺美(2002)所指出的,日语教学动机形成过程的研究尚不深入,还有很大的研究空间。

缝部·狩野·伊藤(1995)以新西兰(维多利亚大学)的大学生作为研究对象,以“日本理解(对于日本的理解)”“国際意識(国际意识)”“学習への興味(对于学习的兴趣)”“統合的志向(综合志向)”“誘発的志向(诱发的志向)”“道具的志向(作为工具的志向)”这六个方面的因素来调查动机形成过程,得出的结论是有去过日本经验

的人多为“综合志向”，三年以上学习经验的学习者则有“综合志向”和“作为工具的志向”两方面。

成田(1998)以泰国(曼谷)的大学生为对象，调查了日语学习动机和成绩之间的关系。他从“文化理解の志向(文化理解的志向)”“統合的志向(综合志向)”“道具的志向(作为工具的志向)”“利益享受志向(利益享受志向)”“国際性志向(国际性志向)”“誘発的志向(诱发的志向)”这六个方面入手调查，从结果来看“综合志向”较强的学生成绩较好，而“利益享受志向”“诱发的志向”较强的学习者有成绩较差的倾向。

郭·大北(2001)以新加坡华人学生为对象做了调查研究，将动机形成过程划分为“統合的動機づけ(综合的动机形成)”“エリート主義(精英主义)”“道具的動機づけ(工具的动机形成)”。在“综合的动机形成”下面进一步分类为“交流志向因子(交流志向)”“現代日本あこがれ因子(对现代日本的憧憬)”以及“伝統文化因子(传统文化)”；在“精英主义”下面进一步分类为“語学学習志向因子(语学学习志向)”和“自己満足因子(自我满足)”；在“作为工具的志向”下面进一步划分为“仕事因子(工作因子)”等，并从这六个因素入手做了调查。郭·大北分析动机形成过程和学习效果之间关系的结果是“精英主义”和“作为工具的志向”在新加坡的华人大学生中拥有较大的正面影响力。

缝部·狩野·伊藤、成田、郭·大北均是用调查问卷方式做的研究，缝部·狩野·伊藤是针对动机形成过程，而成田和郭·大北是针对动机形成过程和期末考试之间的关系做的调查分析。这样的调查正如加贺美(2002)所指出的那样，“国ごとに動機づけが異なっている”(第314页)。语言学习中的动机形成过程取决于学习环境和学习者自身的状况，本节中研究了中国综合大学日语学科中日语学习者动机形成过程是怎样的，不同学年间是否有差异，对动机的种类·强度的深入了解等问题，以探索今后日语教学的方向。日语方面这样的研究尚没有学者尝试。另外，由于各个大学的学习者的成绩情况难以比较，因此在此次的调查中没有考虑成绩与动机形成这一因素。

### 3. 专业学生学习动机调查

(1) 目的:作为教学的主体,把握学习者“想学什么”“怎么学”等问题的实际情况,以期对今后的教学大纲和教学计划做出改善。

(2) 实施日期:2004年2—4月。

(3) 调查对象:清华大学·北京大学·中国人民大学日语专业本科大一到大三的学生共106名。回收问卷91份(其中男生17份,女生74份;大一学生51人,大二·大三学生40人),回收率为85.8%。这91份问卷都是以无记名方式调查的。

| 大学＼年级 | | 大一 | 大二 | 大三 | 合计 |
|---|---|---|---|---|---|
| 清华大学 | 发放数 | 18 | 12 | 11 | 41 |
| | 回收数 | 18 | 12 | 10 | 40 |
| 北京大学 | 发放数 | 15 | 15 | | 30 |
| | 回收数 | 14 | 9 | | 23 |
| 中国人民大学 | 发放数 | 19 | | 16 | 35 |
| | 回收数 | 19 | | 9 | 28 |

(4) 调查项目

为了获得真实可靠的数据,笔者制作了由五个大问题组成的中文问卷。首先调查了学习者的背景知识、大学名称、年级、性别信息。“一、你开始学习日语的契机是什么?”中,共列出了25个选项。各个选项参考了郭·大北(2001)的41题问卷调查表,又结合了中国本身的国情情况。其中删除了“和日本人结婚”这样的选项,增加了“通过日语能力考试”等选项。另外,第25个选项“其他”中几乎没有来自调查对象的回答,分析中不做考虑。“三、提高日语能力的方法”中,根据中国的英语教学成果,参考了中国人英语学者高·程·赵·周(2003)的研究,结合日语专业的情况制作了下设10个选项的问卷。第一问和第三问中,将符合程度分为五个档次(A. 完全符合,B. 基本符合,C. 说不好,D. 不符合,E. 完全不符合)。在计算百分比的时候,小数点以下第一位开始四舍五入,仅分析“完全符合”

"基本符合"两项。第二问和第五问是自由叙述题,第四问是关于授课时间之外的学习时间情况的调查。参照这1节后面的问卷调查表。

## 4. 动机形成种类、强度、变化的调查结果及其分析

调查分析根据年级不同分别进行。将大一和大二·大三的学生分成两组,分别考察动机形成的种类、强弱、变化和对日语教学的期望等因素。

### 4.1 动机形成的种类

关于动机形成的种类,笔者继续使用"综合的动机形成""工具的动机形成""内部的动机形成"这几个概念。但是,将"工具的动机形成"定义为提高听说读写四项能力的手段。另外,结合中国的具体情况,添加"言語志向動機づけ(语言志向的动机形成)""仕事動機づけ(工作的动机形成)""強引動機づけ(强制的动机形成)"几种动机形成情况。所谓"强制的动机形成",是指为了升学、晋级等目的而学习日语的动机。这些动机形成相互之间并不排斥,共同推动日语学习的进步。调查一的结果分类如下。

＜调查一＞

| 种类 | 选项 | 大一学生 | | 大二、大三学生 | |
|---|---|---|---|---|---|
| | | 人数(51) | 比例(%) | 人数(40) | 比例(%) |
| 综合的动机形成 | 3 | 31 | 61% | 27 | 68% |
| | 8 | 30 | 59% | 21 | 53% |
| | 12 | 33 | 65% | 26 | 65% |
| | 15 | 29 | 57% | 23 | 58% |
| | 平均值 | | 61% | | 61% |

| | | | | | |
|---|---|---|---|---|---|
| 工具的动机形成 | 4 | 30 | 59% | 29 | 73% |
| | 5 | 25 | 49% | 23 | 58% |
| | 6 | 22 | 43% | 23 | 58% |
| | 16 | 7 | 14% | 6 | 15% |
| | 20 | 25 | 49% | 20 | 50% |
| | 24 | 15 | 29% | 20 | 50% |
| | 平均值 | | 41% | | 51% |
| 内部的动机形成 | 9 | 17 | 33% | 16 | 40% |
| | 13 | 34 | 67% | 26 | 65% |
| | 14 | 12 | 24% | 14 | 35% |
| | 19 | 25 | 49% | 18 | 45% |
| | 平均值 | | 43% | | 46% |
| 语言志向的动机形成 | 1 | 23 | 45% | 21 | 53% |
| | 7 | 29 | 57% | 20 | 50% |
| | 18 | 36 | 71% | 25 | 63% |
| | 21 | 12 | 24% | 16 | 40% |
| | 22 | 22 | 43% | 23 | 58% |
| | 平均值 | | 48% | | 53% |
| 工作的动机形成 | 10 | 22 | 43% | 18 | 45% |
| | 11 | 15 | 29% | 13 | 33% |
| | 23 | 34 | 67% | 25 | 63% |
| | 平均值 | | 46% | | 47% |
| 强制的动机形成 | 2 | 38 | 75% | 28 | 70% |
| | 17 | 33 | 65% | 21 | 53% |
| | 平均值 | | 70% | | 62% |

关于“综合的动机形成”，选项12“方便去日本旅行、访问”和选项15“有助于和日本人交朋友，和日本人沟通交流”在大一学生和大二、大三学生中分别是65%和57%、58%，几乎没有什么差别。选项8“想去日本留学”，大一学生的比例略高，达到59%，大二·大三学生是53%。选项3“想了解日本的经济、文学、文化生活以及日本人

的思维方式”，相比大一学生的61%，大二·大三学生多出了7个百分点达到了68%。从这里可以看出随着年级的增长，学习者对日本的兴趣也有所增长。另外，综合的动机形成均停留在61%的水平，可以看出年级之间的差异并不大。

“工作的动机形成”，包括了选项10“想从事使用日语的工作”、选项11“毕业后想去日本工作”、选项23“有利于就业”等几个选项。年级之间没有显著的差异，全体的平均值几乎相同，处于46%、47%的水平。

“内部的动机形成”包括四个选项。选项13“获得知识，开阔视野”、选项19“增强自信”在大一学生中比例较高，年级之间的差距不超过4%。选项9“对于中国人来说，日语似乎很容易学”、选项14“喜欢日本料理”在大二·大三学生中比例较高，相对于大一学生分别是40%（大一33%）、35%（大一24%）的水平。但是看整体平均值，大二·大三学生为46%，仅超出大一学生3个百分点。

“语言志向的动机形成”中，年级差异在5%左右。选项7“只是想学一门外语”、选项18“想提高日语水平”在大一学生中比例较高，超出7到8个百分点。与此相对，选项1“对日语学习有兴趣”、选项22“对中日两国的语言、文化的不同之处有兴趣”、选项21“想通过日语能力测试”中，大二·大三学生以多出8%、15%、16%的水平领先大一学生。从这几个方面均能看出学习者对于日语学习有着共同的期望。

再看“工具的动机形成”，选项16“喜欢玩日本的游戏”、选项20“想听日语广播”中看不出显著的差异。选项16中14%和15%的低数据可以说是学习者大部分都已长大成人的证据。选项5“想唱日语歌”中，大二·大三学生比大一学生高出了9个百分点。剩下的选项4“想看日语原版的漫画、动漫、日剧”、选项6“想看日本的杂志、报纸、小说”、选项24“想读日语的文献”中，大一学生分别比大二·大三学生少了14%，15%，21%。而且，在“工具的动机形成”中两个组的平均值差达到了10%，这一点值得关注。

动机形成中，“强制的动机形成”是中国特有的情况。这是因为大学入学时有第一志愿不是日语专业的人被调剂到日语专业，体现

在选项2“日语是必修科目，如果不拿到学分就毕不了业”，以及选项17“日语不是第一志愿，但被调剂到日语专业”。这两个选项中大一学生比大二·大三学生比例要高，尤其是选项17高出了12个百分点，整体的平均值差达到了8%。

分析得出：由于同属于日语专业，年级之间的差异并不大。同时，各个动机形成的平均值在40%到70%之间，反映了学习者既非积极也不消极的一种学习状态。

4.2 动机形成的强度

调查三中，得到的回答如下所示。

＜调查三＞

| 选项 | 大一学生 | | 大二·大三学生 | |
|---|---|---|---|---|
| | 人数(51) | 比例(%) | 人数(40) | 比例(%) |
| 1 | 24 | 47% | 27 | 68% |
| 2 | 24 | 47% | 22 | 55% |
| 3 | 27 | 53% | 26 | 65% |
| 4 | 27 | 53% | 19 | 48% |
| 5 | 30 | 59% | 22 | 55% |
| 6 | 19 | 37% | 19 | 48% |
| 7 | 28 | 55% | 25 | 63% |
| 8 | 11 | 22% | 10 | 25% |
| 9 | 39 | 76% | 33 | 83% |
| 10 | 38 | 75% | 26 | 65% |
| 平均值 | | 52% | | 58% |

从平均值来说，没有特别大的差异。两组均超过了50%。

选项4“积极创造日语会话条件”、选项5“有意识地增加日语词汇量”、选项10“为掌握日语而努力”中，大一学生较大二·大三学生分别高出5%、4%、10%。

剩下的7个选项中，大二·大三学生较大一学生分别高出选项1“看日剧、动漫、漫画节目等”21%、选项2“听日语广播和日语音频”

8%、选项3"为了应付课程考试而学习"12%、选项6"就不懂的问题向教师提问"11%、选项7"理解语言背后的文化内涵"8%、选项8"积极参加日语社团、演讲比赛以及作文竞赛等活动"3%、选项9"为通过日语能力测试和专四考试而努力学习"7%。随着年级上升，可以看出动机形成的强度也在增加。

<调查四>

| 项目 | 大一学生(51名) | | 大二·大三学生(40名) | |
|---|---|---|---|---|
| | 人数 | % | 人数 | % |
| 1. 1h以下 | 0 | 0% | 1 | 3% |
| 2. 1h—2h | 9 | 18% | 15 | 38% |
| 3. 2h—3h | 18 | 35% | 11 | 28% |
| 4. 3h—4h | 11 | 22% | 3 | 8% |
| 5. 4h以上 | 13 | 25% | 10 | 25% |

另外，关于调查四，一日中的课外学习时间，相对于大一学生中2～3小时的比例为35%，大二·大三学生中1～2小时的比例为38%。可以看出随着年级上升，因为各种原因学习时间相对减少。

4.3 动机形成的变化

调查二是关于学习过程中动机形成有无变化的问题，其中也有重复的回答，大致来说结果如下。

<调查二>

| 学年 | 1年生(51名) | 大二·大三学生(40名) |
|---|---|---|
| 项目 | ① 未填写15名、29%<br>② 没变化19名、37%<br>③ 喜欢日语了10名<br>④ 想加深和日本人的交流5名<br>⑤ 更有自信了，对日本人抱反感情绪等。 | ① 未填写14名、35%<br>② 没变化15名、38%<br>③ 喜欢日语了3名<br>④ 为了就职2名<br>⑤ 对中日文化的不同点抱有兴趣、喜欢日本料理和日剧、想加深和日本人的交流等。 |

### 4.4 对日语教学的期望

调查五由学习者自由填写，除去未填写者大一学生14人(27%)，大二·大三学生14名(35%)，其他学习者对于语言学习环境、教科书、教学方法等几个方面有以下的期望。

＜调查五＞

| 学年 | | 大一学生 | 大二·大三学生 |
|---|---|---|---|
| 项目 | 语言学习环境 | ①会话的机会少<br>②组成日语社团<br>③希望增加和日本留学生等人的交流机会 | ①会话的机会少<br>②希望增加和日本留学生等人的交流机会 |
| | 教科书 | ①教科书中语法内容过多<br>②缺少时代性，希望增加应用的词汇<br>③关于文化和习惯的教材内容不足 | ①缺少时代性<br>②不合时宜的表达 |
| | 教学方法 | ①活泼的上课方式<br>②关于教学进度的讨论 | ①活泼的上课方式 |
| | 其他 | ①增加日本外教<br>②扩大日语专业<br>③提供留学机会 | ①开设高年级学生的研讨课<br>②增加多媒体的使用<br>③增加文化经济等方面专业性的课程讲座<br>④增加日本外教 |

## 5. 结论

从以中国综合大学日语专业学生为对象进行的调查中，我们了解到日语专业的日语学习者学习积极性并不是很高。但是此次的调查对象人数相对较少，今后有必要展开大幅度的统计调查。

对于今后的日语教学，有以下几点应当引起注意。

(1) 学习者的成功体验

提高学习者的情感因素，帮助其提高学习成就感。对于学习者来说，如果好的成绩不能在交流过程中得到良好的发挥，他们的积极性必会受挫。因此，帮助学习者营造产生学习积极性的环境是日语教师应当完成的工作。

(2) 对于学习者的学习方法指导

对于教师来说，教学方法的开发、钻研是长期的课题。与此相对，站在学习者的立场上，考虑教科书的难易程度、教学活动的进度等情况，指导学习策略也是不可或缺的。

(3) 语言学习环境的完善

随着全球化的进展，语言学习环境较之从前已经相当完备。今后，应当在教室多媒体使用、与留学生交流、日本外教、与日本大学交流活动以及建立长短期留学制度等事项上更下功夫。

日语专业本来是专攻日语的学科。比起20世纪七八十年代，如今的形势稍显低迷，不能仅根据专业学生的希望调整教学大纲和教学计划。但是，如果不考虑学习者的动机形成、需求、情绪因素开展教学活动，学习情况往往不如人意。随着国际社会中日本政治、经济地位的变化，学习者的动机形成也会相应调整。日语专业培养高精尖人才，尚任重而道远。

**资料：**

日语学习动机形成调查表

大学______年级______性别______

一、您开始学习日语的契机是什么？

A. 完全符合　B. 符合　C. 说不好　D. 不符合　E. 完全不符合

1. 对日语学习有兴趣。
2. 日语是必修科目，如果不拿到学分就毕不了业。
3. 想了解日本的经济、文学、文化生活以及日本人的思维方式。
4. 想看日语原版的漫画、动漫、日剧。
5. 想唱日语歌。
6. 想看日本的杂志、报纸、小说。

7. 只是想学一门外语。
8. 想去日本留学。
9. 对于中国人来说,日语似乎很容易学。
10. 想从事使用日语的工作。
11. 毕业后想去日本工作。
12. 方便去日本旅行、访问。
13. 获得知识,开阔视野。
14. 喜欢日本料理。
15. 有助于和日本人交朋友,和日本人沟通交流。
16. 喜欢玩日本的游戏。
17. 日语不是第一志愿,但被调剂到日语专业。
18. 想提高日语水平。
19. 增强自信。
20. 想听日语广播。
21. 想通过日语能力测试。
22. 对中日两国的语言、文化的不同之处有兴趣。
23. 有利于就业。
24. 想读日语的文献。
25. 其他(　　　　)。

二、经过一学期或者1～2年的学习后,您的学习动机有没有变化?如果有变化,是如何变化的,并说明理由。

三、在下面列举的日语学习方法中,根据自身的相符度选择相应选项。

A. 完全符合　B. 基本符合　C. 说不好　D. 不相符　E. 完全不符

1. 看日剧、动漫、漫画节目等。
2. 听日语广播和日语音频。
3. 为了应付课程考试而学习。
4. 积极创造日语会话条件。
5. 有意识地增加日语词汇量。
6. 就不懂的问题向教师提问。

7. 理解语言背后的文化内涵。
8. 积极参加日语社团、演讲比赛以及作文竞赛等活动。
9. 为通过日语能力测试和专四考试而努力学习。
10. 为掌握日语而努力。

四、您的课外日语学习时间是：
1. 一小时以下
2. 一小时到二小时
3. 二小时到三小时
4. 三小时到四小时
5. 四小时以上

五、你认为现在的日语教学存在怎样的问题。例如，可列举教科书、教学方法、语言学习环境等方面的问题。你认为这些问题应该如何改善？请简述你的意见。

## 第2节 大学非专业学生日语学习动机类型与动机强度的定量研究

### 1. 研究目的

动机研究在第二语言习得研究及外语教学研究中占有十分重要的位置，而这一研究在我国日语教学界尚属起步阶段。我国大学日语学习者中，除中学、高中阶段以日语为第一外语的学生外，大部分为升入大学或研究生后开始学习日语的学生。对这部分学生来说，日语可以说是他们除中文和英语之外的第三门语言。那么，他们为什么要学习日语？本节将就大学非专业学生，主要是二外学生的日语学习动机类型、动机类型与动机强度的关系进行实证研究，以期对今后大纲修订、课程设置提供有益的参考。

## 2. 先行研究

动机研究起源于20世纪50年代末，日本学者缝部(2001)就外语学习动机的定义、动机学习的种类，守谷(2002)就第二语言教育中的动机研究动向、日语学习中的动机研究等做了详尽的描述。动机研究本身起源于加拿大的英法双语教学，Gardner和Lambert曾把动机类型划分为“融合(综合)型”和“工具型”，前者以成为目标语社会一员为目的，后者以升学、就业即以语言为工具达到某一目的的动机。80年代以来，外语教学中“外在动机”和“内在动机”这一对概念得到充分的研究，对此，缝部(2001)做了较为详尽的分析，王(2005a)也进行了部分归纳和总结。

20世纪90年代以后，随着国家、地域的不同，各种层次、年龄段学习者的增多，动机研究趋于多样化。在日语教育实践中，「学習者の情意要因への考慮不足」(加賀美2002:313)引起了部分学者的重视，「第二言語の動機づけは学習者要因として重視されるようになり、その研究の関心が教育場面へと向けられた」(守谷2002:321)。日本国内，部分学者除进行理论研究外，还进行了大量的海外调查。其中，缝部·狩野·伊藤(1995)在新西兰、成田(1998)在泰国、郭·大北(2001)在新加坡等的调查研究令人瞩目。关于这一点，王(2005a)做了详尽的介绍。这些调查基本保持在动机类型与学习成绩、学习效果的关系分析上。

中国国内，王(2005a)以清华大学、北京大学、中国人民大学日语专业91名学生为对象进行了调查，并把专业1年级学生与专业2—3年级学生分为两组加以对比。除“工具型动机”和“强迫型动机”两组间存在一些差异外，日语专业学生日语学习动机学年差小，各动机的平均值一般保持在40%～70%之间，这从某一侧面反映了学习者的学习状态。同时，在本章第1节中，笔者还对学习者学习动机的强度、学习时间、动机变化、对教学的希望建议等进行了全面的分析。

除专业日语学生外，非专业学生的日语学习已成为大学日语教学中的一大主体，而对这一部分学生的调查研究，尤其是对这一群

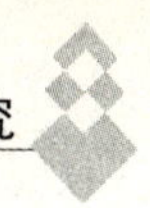

体的定量分析研究尚属空白。为此，笔者先后以二外日语学生为对象进行了两次调查，希望对这一重要群体的学习动机有一个科学的分析，以填补此项研究的空白。

### 3. 非专业学生学习动机调查情况

（1）调查时间

第一次调查于2004年3月，以清华大学、北京大学、中国人民大学的二外日语学生为对象，共发放270份调查问卷，回收239份，回收率88.5%。第二次调查于2004年11月，以清华大学二外日语初学者为对象，共发放问卷160份，实际回收有效问卷140份，有效回收率87.5%，调查问卷见本节后面资料。在分析过程中，除第五部分开放性问题“你认为目前的日语教学中存在的问题是什么？例如：教材、教学方法、语言环境等？你认为如何改进为好？”两次调查的结果一起分析外，其余部分以第二次调查内容为准。

（2）抽样

在清华大学，共从二外（1）初学者5个班中抽出3个班进行采样，在基本信息回答者中，除去个人信息填写不全者外，受试者学年、性别、年龄、专业分布等情况如下，见表1。

表1

| | 年龄（11人未填写） | | | | 性别（9人未填写） | |
|---|---|---|---|---|---|---|
| | 19以下 | 20至22 | 23至25 | 26以上 | 男 | 女 |
| 人数 | 27 | 73 | 24 | 5 | 63 | 68 |
| 比例（%） | 19.3 | 52.1 | 17.1 | 3.6 | 45 | 48.6 |

| | 学年（12人未填写） | | | | | | | 专业（9人未填写） | | |
|---|---|---|---|---|---|---|---|---|---|---|
| | 大一 | 大二 | 大三 | 大四 | 研1 | 研2 | 研3 | 工科 | 理科 | 文科 |
| 人数 | 7 | 45 | 24 | 23 | 6 | 21 | 2 | 15 | 88 | 28 |
| 比例（%） | 5 | 32.1 | 17.1 | 16.4 | 4.3 | 15 | 1.4 | 10.7 | 62.9 | 20 |

(3) 测量工具

调查采用问卷法,共由五部分组成。参照王(2005a),并结合日语教学情况略微修改。第一部分“你开始学习日语的动机”由24题项构成,第三部分“你通常通过以下哪种方法提高日语水平”即动机强度共10个题项。这两部分,其形式是“非常同意A”到“非常不同意E”的李克特五级量表。第四部分“你每周课下学习日语的时间”为选择性回答,在统计过程中与第三部分一起计算。第二部分为部分开放性问题、第五部分为开放性问题,由学习者自由回答。第一部分整体信度为0.8054,第三部分整体信度为0.6808,两部分信度均达0.65以上。

## 4. 对非专业学生学习动机的研究分析

数据分析用SPSS(10.0)软件进行。动机类型划分采用主成分分析法,方差极大法做因子旋转,回归法计算因子得分,共能解释总方差的66.83%。用相关性分析看动机类型与动机强度之间的关系、动机类型·动机强度与动机是否变化的关系。

### 4.1 动机类型

表2

| 序号 | 因子命名及分析 | 对应题项及因子负荷 | 解释方差% |
|---|---|---|---|
| 1 | 娱乐型动机<br>(听歌曲、玩游戏、看动画) | 想看日语版漫画、动画和日剧(0.899)<br>想学唱日语歌(0.758)<br>喜欢玩日语版游戏(0.493) | 21.538 |
| 2 | 信息考试型动机<br>(通过报纸、杂志等获取信息,或是参加考试) | 想读日本杂志、报纸、小说(0.530)<br>想听日语广播(0.682)<br>为了参加日语等级考试(0.761)<br>想读懂日语文献(0.387) | 10.145 |

| 3 | 自身提高型动机<br>(开阔视野、提升自信等) | 喜欢学习日语(0.511)<br>获得更多知识,开阔视野(0.665)<br>结交更多日本朋友,有助于同日本人交流(0.455)<br>提高日语水平(0.797)<br>提升自信心(0.538) | 8.762 |
|---|---|---|---|
| 4 | 学习工作型动机<br>(学习、留学、工作等) | 日语是必修课,否则无法毕业(0.682)<br>想去日本留学(0.619)<br>毕业后去日本工作(0.791)<br>去日本旅游参观访问时用得到(0.441) | 6.716 |
| 5 | 文化型动机<br>(对日本或中日文化差异感兴趣) | 想了解日本的经济、文学、文化生活和日本人的思维方式(0.827)<br>对中日两国语言差异,文化差异感兴趣(0.760) | 5.609 |
| 6 | 竞争型动机<br>(提高自身竞争力) | 想多学一门语言(0.767)<br>可以在将来找工作时更具竞争力(0.652) | 4.890 |
| 7 | 可行型动机<br>(易学、有用途) | 对于中国人,日语比较好学(0.796)<br>想找一份可以应用日语的工作(0.585) | 4.627 |
| 8 | 美食型动机<br>(喜欢日本料理) | 喜欢日本食物(0.753) | 4.543 |

## 4.2 动机类型与动机强度

表3

| 动机序号 | 动机类型 | Pearson correlation |
|---|---|---|
| 1 | 娱乐型 | 0.141 |
| 2 | 信息考试型 | 0.409 |
| 3 | 自身提高型 | 0.278 |
| 4 | 学习工作型 | 0.189 |
| 5 | 文化型 | 0.263 |
| 6 | 竞争型 | 0.058 |
| 7 | 可行型 | 0.180 |
| 8 | 美食型 | -0.015 |

因为用Pearson correlation测得各动机之间不相关，所以关于调查问卷第三部分、第四部分，可以用动机和动机强度的两两之间的相关性来分析动机与动机强度的关系。这里的动机强度用第三部分、第四部分的得分计算，是连续的，没有分组。Pearson correlation越大，正相关越强，为负值时表示负相关，即动机越强，学习强度越小。

由上表可以看出，2"信息考试型动机"对动机强度影响最大，3"自身提高型动机"、5"文化型动机"影响也较大，4"学习工作型动机"、7"可行型动机"、1"娱乐型动机"有一定影响，6"竞争型动机"、7"美食型动机"影响不明显，其中8"美食型动机"有微弱的负影响。

4.3 动机类型·动机强度与动机是否变化相关性分析

**表4**

| 动机序号 | 动机类型 | Pearson correlation |
|---|---|---|
| 1 | 娱乐型 | –0.022 |
| 2 | 信息考试型 | –0.110 |
| 3 | 自身提高型 | 0.059 |
| 4 | 学习工作型 | 0.036 |
| 5 | 文化型 | 0.039 |
| 6 | 竞争型 | 0.040 |
| 7 | 可行型 | –0.069 |
| 8 | 美食型 | –0.074 |

由上表可以看出调查问卷第二部分的情况，学习动机类型与动机是否变化相关性较小。动机强度与学习动机是否变化相关性也较小，其Pearson correlation为–0.134。

## 5. 结语兼对教学的启示

笔者此次以清华大学为主，兼顾北京大学和中国人民大学的二外日语学生，进行了日语学习动机的定量研究。在本节的第4部

分,笔者对动机类型、动机类型与动机强度的关系做了分析。结果显示,无论是文科还是理工科的学生,动机类型大致可分为:娱乐型、信息考试型、自身提高型、学习工作型、文化型、竞争型、可行型及美食型等8种。从动机类型对动机强度的影响看,信息考试型、自身提高型、文化型动机影响较大,这些动机往往缺少功利的色彩,反映出学习者对日本、日语、日本文化以及通过日语学习提高自身的关注。同时,二外学生动机类型·动机强度与动机是否变化相关性较小。此外,相关性分析显示,不同的教师其教学方法对学生学习动机几乎没有大的影响,而对学习努力程度则没有影响。与专业学生不同的是,这些调查反映出了二外日语学生日语学习的积极主动性。

在第五题开放性问题中,学生普遍反映说、写能力差,应适当增加口语表达练习的机会。改善语言环境,增加日语角,扩大与日本朋友、留学生的交流。增加网上资源,特别是日剧、动画、日文歌曲、日文影片等是许多二外日语学生的共同愿望。学生反映二外日语课时少,内容多,进度快,教材语法欠系统归纳,希望实行小班教学等。

尽管满足学生们的这些要求需要一定的时间和难度。但在中国的大学日语教学中,专业学生毕竟是少数,大部分大学日语学习者为二外日语学生。与专业学生相比,在教材和课程设置上,日语教学工作者对这一部分群体的要求应给予足够的重视,充分改善二外日语教学的语言环境、教学设施等。只有这样我们的大学日语教学才能越办越好,才能培养出更多的既精通专业又熟练掌握日语的高级人才。

**资料:**

日语学习动机调查问卷

学年______性别______年龄______专业______

一、你开始学习日语的动机是:

A. 非常同意 B. 同意 C. 一般 D. 不同意 E. 非常不同意

1. 我喜欢学习日语。 A B C D E

2.日语是必修课，否则，我无法毕业。 A B C D E

3. 我想了解日本的经济、文学、文化生活和日本人的思维方式。 A B C D E

4. 我想看日语版漫画、动画和日剧。 A B C D E

5. 我想学唱日语歌。 A B C D E

6. 我想读日本杂志、报纸、小说。 A B C D E

7. 我只是想多学一门语言。 A B C D E

8. 我想去日本留学。 A B C D E

9. 对于中国人来说日语似乎比较好学。 A B C D E

10. 我想找一份可以应用日语的工作。 A B C D E

11. 我想毕业后到日本去工作。 A B C D E

12. 去日本旅游、参观访问时可以用到。 A B C D E

13. 它将使我获得更多知识以及拓展我的视野。 A B C D E

14. 我喜欢日本食物。 A B C D E

15. 我可以结交更多的日本朋友，有助于我和日本人交流。 A B C D E

16. 我喜欢玩日语版游戏。 A B C D E

17. 我想提高我的日语水平。 A B C D E

18. 它将提升我的自信心。 A B C D E

19. 我想听日语广播。 A B C D E

20. 为了参加日语等级考试。 A B C D E

21. 我对中日两国的语言差异、文化差异感兴趣。 A B C D E

22. 可以在将来找工作时更具竞争力。 A B C D E

23. 我想读懂日语文献资料。 A B C D E

24. 其他（　　　　　　）

二、通过一段时间的日语学习，你学习日语的动机（1）有，（2）无变化？若有变化，请选择是以下哪种情况：（1）完全改变，（2）较大改变，（3）些许改变？原因是什么？

三、你通常通过以下哪种方法提高日语水平。

A. 非常同意 B. 同意 C. 一般 D. 不同意 E. 非常不同意

1. 我经常看日剧、动画片、漫画、录像和电影。 A B C D E
2. 我经常听日语广播、日语录音磁带。 A B C D E
3. 对于日语学习,我仅仅是接受教学,应付考试。 A B C D E
4. 我努力创造机会用日语会话。 A B C D E
5. 我有意识地积累扩大我的日语词汇量。 A B C D E
6. 我很少向老师提出日语方面弄不明白的问题。 A B C D E
7. 我努力地理解日语表达方式的文化内涵。 A B C D E
8. 我经常寻找机会参加日语角、演讲比赛和作文大赛等。 A B C D E
9. 我将努力地通过日本语能力考试。 A B C D E
10. 我为学好日语付出了极大的努力。 A B C D E

四、你每周课下学习日语的时间是:

1.1h以下　2.1h～2h　3.2h～3h　4.3h～4h　5.4h以上

五、你认为目前的日语教学中存在的问题是什么? 例如:教材、教学方法、语言环境等? 你认为如何改进为好?

最后感谢你百忙之中抽出时间填写这份调查问卷,谢谢。

## 第3节　从学习者角度探讨大学日语专业课程设置

我国大学日语专业学生一般是考入大学后开始学习日语的。由于空前高涨的英语学习热,特别是受市场经济、就业现状的影响,单纯以日语为专业的学生处于相当不利的位置。迄今为止,有关日

语专业课程设置的研讨会，一般停留在宏观把握全局、教学工作者研讨阶段。众所周知，学习的主体应为接受教育的学习者，即我们的学生。因此，本节将以学生为调查对象，希望从学生的反馈意见中得到若干启发，为今后指导学生更加投入地学好日语，调整课程设置，提供一定的参考。

## 1. 先行研究

外语教学中的课程设置（カリキュラム·デザイン）研究历史较浅，其理论研究起源于20世纪70年代。在教学实践中，课程设置这一用语一方面用于，如中学·高中·大学等教育机构的学习计划、学习进度等。而另一方面则局限于某一特定学科的学习课程或学习内容，如日语专业的课程设置等。日本学者小林（1998:44）对课程设置曾做过如下定义："コース·シラバスが決定したら、その各項目を、いつ、どのように教えるかを決める。これがカリキュラム·デザイン（curriculum design）である。具体的には、到達目標、時間的枠組み、シラバス項目の配列、教授法、教室活動、教材、教具、評価活動などを決定する作業をいう。"同时，缝部（2001:224—225）对课程设置作了狭义和广义的区分，"狭い意味におけるカリキュラムは教え方（教授法・指導法）の計画部分だけを指し、広い意味においては当該コースの教育計画全体（目的・内容・方法・評価）を指す。"本节对课程设置，将遵循广义说法。

从笔者了解到的情况看，关于教学大纲（シラバス）的研究，林（2003）进行了比较详尽地分析。日语界于2003年12月在北京外国语大学举办了包括课程设置在内的研讨会；2004年4月，北京师范大学也举办了类似的学会。两次会议均取得了一定的成果，但另一方面，研讨会缺乏对学生的实际调查研究，这一点是致命的缺陷。

教学是双向互动行为，是以学生需求为中心加以积极诱导的活动。因此，需要在课程实施中，不断收集反馈意见，进行必要的修改和完善，为此，笔者对北京地区4所高校日语专业学生进行了部分调查。

## 2. 日语专业课程设置的调查

（1）目的——通过日语专业在学学生对课程设置的反馈意见，以期日语专业课程设置的日趋完善。

（2）时间——2004年3月。

（3）对象——清华大学、北京师范大学、北京大学在学2—4年级学生各10名，中国人民大学2—3年级学生各10名。发放问卷110份，实际回收95份，回收率86%。其中，清华大学29份、北京师范大学30份、北京大学22份、中国人民大学14份；4所高校2年级40份、3年级27份、4年级28份。

（4）项目——中文调查表由24问组成，不记名填写。调查表见本节后附资料。

## 3. 日语专业课程设置的研究分析

分析以学年为单位进行。单项选择题从（1）基本情况（问题1—4）、（2）到达目标（问题6—9）、（3）教学法（问题16）、（4）教材（问题14）、（5）评价（问题18—22、12—13）等5个方面加以论述。复数可选择题（问题5、10、11）与文字表述题（问题15、17、23、24）单独分析。表中数字为最高选项和其百分比。

### 3.1 单项选择题

表1

| 分类 | 问题 | 2年级（40名） | | 3年级（27名） | | 4年级（28名） | |
|---|---|---|---|---|---|---|---|
| | | 选项 | 比率 | 选项 | 比率 | 选项 | 比率 |
| 基本情况 | 1 | ① | 97.5% | ① | 96% | ① | 64% |
| | 2 | ② | 60% | ② | 63% | ① | 61% |
| | 3 | ① | 48% | ① | 52% | ① | 46% |
| | 4 | ① | 55% | ① | 48% | ② | 28.5% |

| 到达目标 | 6 | ① | 55% | ③ | 55.5% | ③ | 50% |
|---|---|---|---|---|---|---|---|
| | 7 | ③ | 45% | ② | 48% | ③ | 57% |
| | 8 | | | ③ | 74% | ③ | 53.5% |
| | 9 | | | ②③ | 48% | ③ | 57% |
| 教学法 | 16 | ② | 60% | ② | 48% | ② | 50% |
| 教材 | 14 | ② | 60% | ② | 52% | ② | 36% |
| 评价 | 18 | | | ③ | 59% | ③ | 53.5% |
| | 19 | | | ③ | 44% | ② | 43% |
| | 20 | | | | | ③ | 50% |
| | 21 | ② | 47.5% | | | | |
| | 22 | | | ③ | 44% | ④ | 43% |
| | 12 | ③ | 52.5% | ③ | 52% | ③ | 46% |
| | 13 | ② | 40% | ③ | 37% | ② | 57% |

（1）基本情况

这一部分包括何时开始学习日语、原因、有没有想过转系、大约希望在几年级转系等问题。64%的4年级学生入学后开始学习日语，并且61%的学生第一志愿为日语。而96%以上的2—3年级学生入学后开始学习日语，其中，60%以上的学生是服从分配学习日语的。在转系问题上，2—4年级中半数左右学生希望转入其他系学习，其中，2—3年级学生希望在1年级转系者分别为55%、48%，4年级希望在2年级转入其他系学生为28.5%。从学生情况看，日语专业的发展不容乐观。

（2）到达目标

到达目标以学生各项技能的掌握情况为基准，包括对听说读写4种技能重点顺序的理解、学校的课程设置是否有利于提高这些技能、3—4年级学生对口译·同声传译·笔译的看法、学校的课程设置是否有利于提高这些技能等。2年级学生选择“听说领先、读写在后”为55%，3—4年级选择“4种技能同等重要”超过或达到半数。从这一组数据看，随着学习的不断深入，学生对4种技能的看法发生了相应的变化，更加符合语言学习的规律。2、4年级学生认为学

校课程设置对提高这些技能一般的选项，分别为45%、57%，3年级有利选项48%。74%的3年级、53.5%的4年级学生认为自己笔译尚可，口译较差，不可同传。对提高这些技能的课程设置，3年级认为有利·一般各占48%，4年级一般占57%。

（3）教学法

认为对课程设置的满意程度与教师的教学方法有关的比率为：2年级60%，4年级50%，3年级48%。

（4）教材

认为对课程设置的满意程度与教材的选择有关的比率为：2年级60%，3年级52%，4年级36%。

（5）评价

包括：课程设置与日语能力1级考试、全国日语4级·8级考试的关系，学生对目前学习内容、课程设置的整体评价。由于2年级尚未参加诸多考试，此项内容基本由3—4年级回答。

3—4年级半数以上学生认为：目前的课程设置对通过日语能力1级考试一般，对通过全国4级考试，3年级一般44%，4年级有利43%。8级考试，4年级一半学生认为一般。

47.5%的2年级学生认为目前课程设置合理，44%的3年级学生选择一般，43%的4年级学生选择不合理，随着年级的增高，学生对课程设置的要求越来越高。

对目前的学习内容，3个年级认为一般的比率分别为52.5%、52%、46%。2年级40%，4年级57%的学生认为，目前的学习基本功扎实，但与时代脱节，内容陈旧。3年级认为基本功有待提高的学生达37%。

3.2 复数可选择题

表2

| 问题<br>年级 | 2年级选项<br>（复数选择者<br>16/40名） | 3年级选项<br>（复数选择者<br>11/27名） | 4年级选项<br>（复数选择者<br>16/28名） |
| --- | --- | --- | --- |
| 5.学习目的 | ②③④ | ③41% | ③④ |

| | | | |
|---|---|---|---|
| 10. 喜欢的课程 | ④⑤③ | ④③ | ③④② |
| 11. 想学的课程 | ③、④=⑤ | ④③ | ③④② |

复数可选择题包括坚持学习日语的目的、最喜欢的课程和最想学的课程。

从学习目的看，4年级大多选择就业、留学；3年级选择就业最高，达41%，并且基本为单项选择；2年级选择考研（其他专业）、就业、留学居多。选择考日语专业研究生的人数各年级均为2人，共计6人。

除精读、会话、听力等基础课·基本技能课外，学生最喜欢和最想学的课程集中在日本文化、日本社会、日本经济、日本近现代文学上。对日本文化、日本社会课，各校开课内涵有待探讨。

3.3 文字表述题

**表3**

| 问题＼年级 | 2年级（40名） | 3年级（27名） | 4年级（28名） |
|---|---|---|---|
| 15. 教材 | 精读（基础日语）、会话 | 精读（高级日语） | 精读（高级日语） |
| 17. 教学法 | 教师的学术水准 | 教师的学术水准、课堂把握技巧 | 教师的学术水准 |
| 23. 最不满意课程 | 会话、日本历史 | 日本历史、听力、现代日语语法、日本概论、报刊 | 与日本古典相关的课程（文法、文学史、基础）、日本概论（社会、文化）、学术性强的词汇、语法、句法课 |
| 24. 必要课程 | 口译、商贸日语、同声传译 | | |
| 24. 不必要课程 | 古典、日本历史、日语概论、学术性强的课程 | | |

文字表述题包括对教材、教学法的具体所指，最不满意的课程，不太必要及有利于升学、就业课程等。精读或称之为基础日语、高级日语，其议论最多。教学法方面，教师的学术水准成为学生尤为

关注的焦点。最不满意的课程是与日本古典相关的课程以及日本历史、日本概论类课程、日语词汇·语法·句法等专业指向性强的课程。

### 4. 结论

综上所述,可以得出如下结论。

(1) 目前的课程设置、教学内容有待改善,即在巩固基础的同时,跟上时代的步伐。

(2) 3个学年普遍认为,在提高会话听力能力的同时,增加口译、同声传译、商贸日语、实习等实用性强的课程。

(3) 日语专业学生在通过精读、会话、听力等课程掌握了基本的语言知识后,对日本文化、日本社会产生了浓厚的兴趣。日本文化、日本社会课如何开设,其内涵有待商榷。

(4) 教师的学术水准更加得到学生的重视和认可。

(5) 精读课教材有待修订。

此次调查仅限于清华大学、北京大学、中国人民大学、北京师范大学4所综合大学日语专业学生,今后应加大采样力度。同时增加对教学活动、教具等方面的研究。作为日语教学工作者,完全按照学生的要求进行教学改革亦是不可取的。应该在了解学生的需求后,引导学生,鼓励学生热爱专业,并适当改进课程设置。只有这样,日语专业才会有更大的生存和发展的空间。

**资料:**

日语专业日语课程设置调查问卷

(此问卷仅用于研究,请如实填写,谢谢。)

大学名__________学年__________性别__________

1. 你是上大学后开始学习日语的吗?

① 是　　② 不是

2. 你学习日语的原因是:

① 自己的第一志愿　　② 服从分配

3. 你在学习日语的过程中有没有想过转系。

① 有　　② 没有　　③ 学校没有转系制度

4. 如果想转系，大约是在几年级？

① 一年级　　② 二年级

5. 你坚持学习日语的目标是：

① 考研（日语专业）　　② 考研（其他专业）

③ 进公司等就业的需要　④赴日留学　⑤其他（　　　）

6. 你觉得日语听说读写四个方面，其重点顺序为：

① 听说领先，读写在后　② 读写领先，听说在后

③ 四种技能同等重要

7. 针对上一题，你们学校的课程设置是否有利于提高你的这些技能？

① 非常有利　　② 有利　　③ 一般

④ 不利　　⑤ 非常不利

8. 如果你是三、四年级学生，请回答你对口译、同声传译、笔译的看法。

① 自己口译、笔译尚可，同时可适当同传。

② 口译尚可，笔译较差，同传有待提高。

③ 笔译尚可，口译较差，不可同传。

④ 其他（　　　）

9. 针对上一题，你们学校的课程设置是否有利于提高你的这些技能？

① 非常有利　　② 有利　　③ 一般

④ 不利　　⑤ 非常不利

10. 在本科生阶段，除学习日语语言知识（精读、会话、听力等）外，你最喜欢的课程是什么？

① 日本古典文学　　②日本近现代文学

③ 日本文化　　④日本社会

⑤ 日本经济　　⑥ 日语语言学

⑦ 其他（　　　）

11. 在本科生阶段,除学习日语语言知识外,你最想学的课程是什么?
① 日本古典文学　　② 日本近现代文学
③ 日本文化　　④ 日本社会
⑤ 日本经济　　⑥ 日语语言学
⑦ 其他(　　　　)
12. 你认为目前的学习内容
① 非常有趣　　② 有趣
③ 一般　　④ 无趣
⑤ 非常没趣
13. 你认为目前的课程设置
① 基本功扎实,与时俱进,有利于就业、升学。
② 基本功扎实,但与时代脱节,内容陈旧。
③ 基本功有待提高。
④ 其他(　　　　)
14. 你认为对课程设置的满意程度是否与教材的选择有关?
① 非常有关　　② 有关
③ 一般　　④ 无关
⑤ 非常没有关系
15. 上一题中,选择1、2的同学,请指出是哪些课程的哪种教材?(可列举3种)

16. 你认为对课程设置的满意程度是否与教师的教学方法有关?
① 非常有关　　② 有关
③ 一般　　④ 无关
⑤ 非常没有关系
17. 上一题中,选择1、2的同学,请指出如何相关?

18. 你认为你们学校目前的课程设置,对通过日语能力1级考试是否有利?(仅请参加过1级考试的同学回答)

① 非常有利　② 有利　③ 一般
④ 不利　⑤ 非常不利

19. 如果你们学校参加全国日语4级考试,你认为你们学校目前的课程设置,对通过这种考试是否有利?

① 非常有利　② 有利　③ 一般
④ 不利　⑤ 非常不利

20. 如果你们学校参加全国日语8级考试,你认为你们学校目前的课程设置,对通过这种考试是否有利?(仅请4年级同学回答)

① 非常有利　② 有利
③ 一般　④ 不利
⑤ 非常不利

21. 如果你是二年级的学生,你觉得目前基础课阶段的课程设置是否合理?

① 非常合理　② 合理
③ 一般　④ 不合理
⑤ 非常不合理

22. 如果你是三、四年级的学生,你觉得目前高年级阶段的课程设置是否合理?

① 非常合理　② 合理
③ 一般　④ 不合理
⑤ 非常不合理

23. 你是专业学生,从专业学生的角度看,除日语语言知识课外,你最不满意的课程是什么?(可列举3门课程)

24. 你认为目前哪些课程不太必要,设置哪些课程更有利于升学、就业?

若篇幅不够,可写在背面。最后,感谢你百忙之中参加此次问卷调查,谢谢。

## 第4节　大学日语专业低年级精读课教材分析

我国大学日语专业一、二年级精读课教材大致有以下4种。同时，一、二年级精读课，多采用同一系列教材。

| 编者 | 教材 | 1册 | 2册 | 3册 | 4册 | 出版社 |
| --- | --- | --- | --- | --- | --- | --- |
| 周平·陈小芬 | 《新编日语》 | 1993 | 1994 | 1994 | 1995 | 上海外语教育出版社 |
| 简佩芝·孙宗光 | 《新编基础日语》 | 1994 | 1994 | 1995 | 1995 | 上海译文出版社 |
| 蔡全胜·杨长生 | 《大学日语》 | 1999蔡 | 1999蔡 | 1999杨 | 1999杨 | 大连理工大学出版社 |
| 朱春跃·彭广陆 | 《基础日语教程》 | 1998 | 1998 | 2000 | 2001 | 外语教学与研究出版社 |

教材分析是教学研究中的重要组成部分。本节将对日语专业一、二年级精读课教材加以分析，以期对未来的教材编写提供一定的参考。

### 1. 先行研究

教育部高等学校外语专业教学指导委员会日语组(2001:1)对教学目的作如下规定："引导学生扎实学习，掌握日语基础知识；训练听、说、读、写的基本技能；培养实际运用语言的能力；丰富学生的日本社会文化知识，培养文化理解能力，为高年级阶段学习打下坚实的基础。"参照教学大纲的规定，在笔者所能查阅的资料里，有关精读课的先行研究数量不多。其中，田(2001)的《语言能力与交际能力并重的教学尝试》是以一年级精读课教学为研究对象的，而有关精读课教材分析的文章并不多见。

## 2. 教材目录

| 教材 | 1册 | 2册 | 3册 | 4册 |
|---|---|---|---|---|
| 新编日语 | 前文、会话、*功能用语*、数词(6、7、8、13、16、17、18)、解说、读解文、练习。<br>20课(前5课为发音部分,5、10、15、20为单元归纳。) | 前文、会话、*功能用语*、数词(2、3、11、13、14、18)、解说、读解文、练习。<br>20课(5、10、15、20为单元归纳。) | 本文、会話、応用文、単語、言葉と表現、*ファンクション用語*、練習。<br>20課。 | 本文、会話、応用文、単語、言葉と表現、*ファンクション用語*、練習。<br>18課。 |
| 新编基础日语 | 会話、文章(8課から)、新しい言葉Ⅰ、注釈(*コミュニケーション機能*、文法)、練習、新しい言葉Ⅱ。15課(5課までは発音)。 | 文章、会話、新しい言葉Ⅰ、注釈(*コミュニケーション機能*、文法)、練習、新しい言葉Ⅱ。15課(1冊に続き、16課から30課まで)。 | 本文、新しい言葉Ⅰ、注釈(*コミュニケーション機能*、文法)、練習、新しい言葉Ⅱ。15課。 | 本文、新しい言葉Ⅰ、注釈(*コミュニケーション機能*、文法)、練習、新しい言葉Ⅱ。15課(3冊に続き、16課から30課まで)。 |
| 大学日语 | 本文のタイトル、新出単語、文型、文法、練習、課外読物。14課(ほかに11課の発音がある)。 | 本文のタイトル、文型、文法、練習、新出単語、課外読物。20課。 | 本文のタイトル、表現と文法、新出単語、練習、課外読物。14課。 | 本文のタイトル、表現と文法、新出単語、練習、課外読物。13課。 |

| 基础日语教程 | 本文、会话、生词、关联词语、数词、语音、语法、练习。15课(前5课为发音部分。) | 本文、会话、生词、关联词语、语音、语法、练习。15课。 | 本文、会話、新出単語、音声解説、文法解説、練習問題。15課。 | 本文、新出単語、音声解説、文法解説、類義語の使い分け、練習問題。15課。 |
|---|---|---|---|---|

4种教材目录如上表所示。不难看出，每种教材基本由“课文、会话、单词、语法、练习”组成。值得一提的是，《新编日语》的“功能用语(ファンクション用語)”、《新编基础日语》的“交际功能(コミュニケーション機能)”、《基础日语教程》的“语音(音声解説)”尤为引人注目。

### 3. 教材的功能面

《新编日语》与其前身《日语》最大的不同是增加了所谓语言交际功能方面的内容，即“功能用语”一栏。例如：第1册第11课“趣味”中，出现了这样的句子。

いいお天気ですね。天气真好啊。
寒いですね。好冷啊。
暖かいですね。天气真暖和啊。(《新编日语》1册196页)

编者把这些寒暄语(日本人见面时，经常寒暄一下天气的情况)视为“功能用语(ファンクション用語)”。然而，天气的哪一方面可以称之为“功能用语”呢？所谓“功能用语”又是指什么呢？教材是以什么为基准把上文的例句称之为“功能用语”，教材本身对此并未加以说明。尽管如此，“功能用语”这一栏目的出现，仍使我们不难看出，在我国日语界，除语法教学外，语言的功能，即语言的“function”已日益受到重视。

《新编基础日语》的“注释”一栏，由“交际功能(コミュニケーション機能)”及“语法(文法)”两部分组成。以1册第7课为例，“交际功能”及“语法”是这样展开的。

比较

北京より　あついですね。

意为:“比北京热吧!”。“より”相当于汉语的“比……”。一般采用的句式是“～は～より～です”。例如:

北京より　むしあついですよ。

北京は　東京より　しっけが　すくないです。

(《新编基础日语》1册82页)

格助词“より”

“より”接在体言后面,有时也可以接在一些动词或助动词的连体形后面,表示比较的基准、标准,相当于汉语的“比”。例如:

東京は　北京より　あついです。

北京は　日本より　くうきが　かんそうしています。

(《新编基础日语》1册85页)

教材对「より」这一说法,从“交际功能”及“语法”两个方面加以论述。

《新编日语》中的“功能用语”是让学生反复练习一些固定说法,而《新编基础日语》“语法”部分,则是把同样的说法作为一种句型,以提高学生的应用能力。除“语法”外,无论是“功能用语”,还是“交际功能”,均体现出了教材编写者的意图,即从语言的功能方面加强对学生语言交际能力的培养。因此,这种意图是值得肯定的。

### 4. 教材内容

(1) 课文

无出处的课文一般由教材编写者自己撰写而成。因此,日语文章表现方面难免有不妥之处。例如:

氏は無意味な会合や宴会には全く出なかったが、家庭では孫の相手もすれば、時折訪れる庭師との話を楽しんだりもし

た。夫人は忙しければ手伝うことさえあった。氏は自分が必要とされるなら労を惜しまなかった。*しかし*、自分の自由になる時間があれば、そのほとんどの時間を書斎で過ごし、その時間を無上の楽しみとした。

(『基礎日語教程』3冊第1課「K氏に聞けば、大抵のことはわかる」1頁)

画线部分应由「しかし」改为「また」。

ところが、現在はどうでしょう。*工場のけむりは、生物にとって欠くことのできない空気をよごす犯人の代表と見られるようになりました*。

(『大学日語』3冊第4課「空気と水と人間」42頁)

画线部分应改为「工場の煙はその大切な空気を汚す大きな原因と考えられるようになりました」。除文章表现外，有些文章内容尚值得推敲。

日本人がむかしから長い間用いてきた「衣」は着物です。現代では、労働に不便なため以前ほど用いられなくなりましたが、それは職場においてだけで、*家庭に帰れば大部分の人がやはり着物を着ています*。これは、着物のほうが洋服より日本の気候や住居や生活様式に適しているからです。

(『大学日語』3冊第1課「衣食住」1頁)

如今，日本人回到家里，大多不穿和服。

(2) 重音与单词

4种教材中，唯有《大学日语》的单词后面没有标出重音符号。而标出重音符号的其他教材，重音符号的正确与否又成为一个值得考证的问题。以《基础日语教程》3册为例，700多个单词中，重音符号未能准确表达的达到50个左右，约占本册单词总数的7%。而《基础日语教程》4册中则有130个左右的单词重音标记值得商榷，这一数字在本册1780个左右的单词中比例达7%以上。这其中不

排除排版过程中出现的问题。

同时,由于各课单词表中一部分单词意义解释过多,使有限的课时量不能被合理地利用。例如:《基础日语教程》4册第13课高田宏「裏日本·· 雪日本· 心日本」(第276—277页)中,出现以下单词。

それっきり⓪(名·副)只有那些;那以后;没了下文

注ぐ(そそぐ)⓪②(自他サ)流入,落下;注入,灌入,引入;浇,洒;倒入;贯注,集中

除此之外,单词的重复出现。例如:「しょうじ(障子)」一词,在《大学日语》3册第1课「衣食住」的"课文"(第8页)、"课外读物"(第12页)的单词表中重复出现。

(3) 语法解释

《基础日语教程》以外的其他3种教材,其语法解释部分大致以"学校语法"为中心编写而成。试比较《大学日语》和《基础日语教程》中五段动词活用规则的解释方法,以「カ」「タ」「ナ」「サ」行五段动词为例。

《大学日语》五段动词活用表:

| 行 | 基本形 | 词干 | 未然形 | 连用形 | 终止形 | 连体形 | 假定形 | 命令形 |
|---|---|---|---|---|---|---|---|---|
| カ | 書く | か | か<br>こ | き<br>い | く | く | け | け |
| タ | 立つ | た | た<br>と | ち<br>っ | つ | つ | て | て |
| ナ | 死ぬ | し | な<br>の | に<br>ん | ぬ | ぬ | ね | ね |
| サ | 話す | はな | さ<br>そ | し | す | す | せ | せ |
| 主要后续词 | | | ナイ<br>ウ | マス<br>タ | 结句 | 体言 | バ | 结句 |

(『大学日語』1冊第7課187頁)

《基础日语教程》动词过去时：

| 非过去时(基本形) | 第一中止形 | 过去时 |
|---|---|---|
| kas-u(かす) | kas-i(かし) | kas-i-ta(かした) |
| kak-u(かく) | kak-i(かき) | ka-i-ta(かいた) |
| sin-u(しぬ) | sin-i(しに) | sin-da(しんだ) |
| tat-u(たつ) | tat-i(たち) | tat-ta(たった) |

(『基礎日語教程』1冊第8課120—122頁)

对我国日语学习者来说,与其使用对欧美学习者有效的罗马字变化讲解动词活用,还不如通过动词词尾变化·活用形,即以"学校文法"进行日语教学似乎效果更好。

(4) 练习问题

4种教材中,只有《大学日语》的结尾部分附有可供参考的标准答案。但是,这样的标准答案仍存在漏写问题,下面的问题①就没有标准答案。

①日本(　　)国土(　　)狭く、山(　　)多いので、日本の川には急流(　　)多く、あまり長いもの大きいもの(　　)ありません。(『大学日語』3冊第4課「空気と水と人間」練習六55頁)

## 5. 结论

语言是不断发展变化的。作为教师,在选择教材时,关注教材的出版日期、课文内容的准确性等十分重要。同时,在今后的教材编写过程中,有必要参照教学大纲的要求,尽可能选择日本原版教材、日文报纸、日本小说中的优秀文章、段落,尽量避免不必要的错误及错印的发生。

总之,一套好的教材,其编写工作是十分艰巨的,需要来自各个方面的通力合作,衷心希望在不久的将来能够有更多更好的教材出版发行。

# 结　论

## 第1节　研究总结

本书除研究框架与研究方法外，从语法、词汇教学多方面展开，进行了较为细致的分析。在绪论中，笔者更多地提到实质语功能语的体系研究和搭配研究，这不仅包括日语语言学研究，也包含日语教学研究。参照李（2013）《2012—2013年中国的日语语言学研究》统计，这两年中，中日词汇交流与近代新词研究、日语形态学研究这些专题研究之外，词汇、语音、隐喻、针对中国学习者、语料库语言学研究、句法词法等研究取得了丰硕的成果。毋（2015）的情况是，毋对2014年中国语言学研究综述中，从语义语法类（含词汇）、语用类、习得及偏误类（含测试）、日汉对比类、日语教学类、其他等6个类别进行了评述。其中，语义语法类（含词汇）最多，证明这一部分仍旧是日语研究者们最为关注的研究对象。由此看来，近几年来的语言学研究中，语料库语言学研究、语义语法类（含词汇）的研究仍占相当大的比重，这与笔者关注的焦点一致。

本书关注到语法语义的研究，同时增加了教学研究。整体内容分为4部分。第1章：日语实质语功能语体系研究，内容为：「ところ」的意义用法研究、日语专业教学大纲中的「ところ」、实质语功能语「もの」。第2章：日语实质语功能语搭配研究，由「こと」的搭配使用研究、所谓“补助动词”「ある、いる、いく、くる、あげる、やる、くれる、くださる、もらう、いただく」的搭配使用研究、「おく、みる、しまう」的具体搭配使用构成。第3章：日语词汇学习研究，分别为：日语词汇学习研究综述、大学专业与非专业学生日语词汇学习策略研究、专业高级日语学习者的语连结学习研究、大学专业学

生习惯表现学习研究。第4章:日语学习动机、课程设置及教材研究,具体为:大学日语专业学生学习动机、大学非专业学生日语学习动机类型与动机强度的定量研究、从学习者角度探讨大学日语专业课程设置、大学日语专业低年级精读课教材分析。各章节的研究成果对我国日语教学标准的制定、教学大纲的编写提供了一定的借鉴和启示。

## 第2节　今后的研究课题

修(2011:5)指出:“转型期人才培养的目标是具有日语跨文化交际的能力和具有日语+𝓍,即通过日语学习相关专业的能力,这样的人才才是可持续发展的人才。(中略)教师作为教育的实施者要具有跨文化交际的能力,挖掘有利于中国学生掌握两种能力的教学方法。同时,教师也要在教学的同时参与日本问题的研究,使自己成为对比研究和跨文化研究的主力军。”由此可以看出,包括语言研究在内的对比研究、语言交际能力研究、教学研究都是十分重要的。语言的学习终究是为交际服务的,我们的教学标准中重要的一点就是提高学生的语言交际能力。今后,除继续深化扩展实质语功能语体系研究、教学研究、对影响搭配使用频率高低因素等的分析外,语言交际能力研究也将是一个值得研究的重要课题。

# 参考文献

**●日语文献:(以日语假名顺序排序)**

秋元美晴・有賀千佳子(1996)『ペアで覚えるいろいろなことば　初・中級学習者のための連語の整理』武蔵野書院

朝日カルチャーセンター(1983)『ちょっと一言　日本人50人の生活と意見』朝日カルチャーセンター

有賀千佳子・植木正裕ほか(2003)「基本語用例データベースの構想」,国立国語研究所『日本語総合シラバスの構築と教材開発指針の作成』論文集第2巻,pp.93—190

庵功雄(2012)「「日本語」分野—「日本語」研究の再活性化に向けて」,『日本語教育』153,pp.25—39

石川慎一郎・前田忠彦・山崎誠(2010)『言語研究のための統計入門』くろしお出版

石田プリシラ(2004)「動詞慣用句の意味的固定性を計る方法—統語的操作を手段として—」,国語学会『国語学』第55巻4号,pp.42-56

王婉莹(2002)「日本語学科学部二年生精読授業の実践」,中国日教学研究会《东亚日语教育国际研讨会论文集》,pp.527—528

王婉莹(2005a)「日本語学科における日本語学習者の動機づけについて」,白百合女子大学国語国文学会『国文白百合』36号,pp.75—85

王婉莹(2009a)「上級日本語学習者の語連結学習について」,創価大学日本語日本文学学会『日本語日本文学』19号,pp.45—60

王婉莹(2009b)「日本語「語彙」学習における「習慣表現」分析—文構造も視野に入れて—」,北京大学『認知言語学の拓く日本語・日本語教育の研究と展望』,p.62

王婉莹(2009c)「日本語語彙習得の研究について—日本の『日本語教育』と中国の『日語学習与研究』を中心に—」, 张威·山冈政纪主编《日语动词及相关研究》, 外语教学与研究出版社, pp.440—447

王婉莹(2014a)「日本語専攻シラバスにおける実質語機能語について」,創価大学日本語日本文学学会『日本語日本文学』24号, pp.63—76

王婉莹(2014b)「機能語「ものの」について—「ものの」の習得を中心に」, 中国日语教学研究会研究文集10《中日跨文化交际研究》, pp.188—199

岡崎眸・岡崎敏雄(2001)『日本語教育における学習の分析とデザイン—言語習得過程の視点から見た日本語教育—』凡人社

沖裕子(1998)「接続詞と接続助詞の「ところで」—「転換」と「逆接」の関係性—」, 日本語教育学会『日本語教育』98号, pp.37—47

尾崎明人(1993)「接触場面の訂正ストラテジー—「聞き返し」の発話交換をめぐって—」, 日本語教育学会『日本語教育』81, pp.19—30

小野正樹・小林典子・長谷川守寿(2009—2010)『コロケーションで増やす表現—ほんきの日本語』Vol.1-2, くろしお出版

加賀美常美代(2002)「言語学習における動機づけ」, 日本言語文化学研究会『言語文化と日本語教育　第二言語習得・教育の研究最前線』5月増刊特集号, pp.312—314

郭俊海・大北葉子(2001)「シンガポール華人大学生の日本語学習の動機づけについて」, 日本語教育学会『日本語教育』110号, pp.130—139

加藤稔人(2005)「中国語母語話者による日本語の漢語習得—他言語話者との習得過程の違い—」, 日本語教育学会『日本語教育』125号, pp.96—105

加藤由紀子ほか(2005)『留学生のための分野別語彙例文集』凡人社

鎌田美千子ほか(2012)『日本語学習支援の構築—言語教育・コー

パス・システム開発—』凡人社
亀井孝・河野六郎・千野栄一(1996)『言語学大辞典』6巻＜術語篇＞,三省堂
神田靖子・佐藤由紀子・山田あきこ(2002)『日本語を磨こう—名詞、動詞から学ぶ連語練習帳』古今書院
神田靖子ほか(2011)『連語を使おう—文型・例文付き連語リストと練習問題』古今書院
来嶋洋美・柴原智代・八田直美(2012)「JF日本語教育スタンダード準拠コースブックの開発」『国際交流基金日本語教育紀要』第8号,pp.103—117
来嶋洋美・柴原智代・八田直美(2013)『まるごと日本のことばと文化入門A1りかい』三修社
来嶋洋美・柴原智代・八田直美(2013)『まるごと日本のことばと文化入門A1かつどう』三修社
国語学会(1980)『国語学大辞典』東京堂出版
国際交流基金(2002)『日本語能力試験出題基準(改訂版)』凡人社
国際交流基金(2012)『JF日本語教育スタンダード2010』(第二版)
国際交流基金(2012)『JF日本語教育スタンダード2010利用者ガイドブック』(第二版)
国立国語研究所(1984)『日本語教育のための基本語彙調査』秀英出版
国立国語研究所(2003)『日本語総合シラバスの構築と教材開発指針の作成』論文集共4巻
国立国語研究所(2004)『分類語彙表(増補改訂版)』大日本図書
国立国语研究所(2011)『現代日本語書き言葉均衡コーパス』(BCCWJ)中纳言
小林ミナ(1998)『日本語教師·分野別マスターシリーズ　よくわかる教授法』アルク
小森和子(2004)「語彙知識の一側面における母語話者らしさと学習者らしさ—言語習得過程における連想の評価測定の妥当性—」,日本語教育学会『日本語教育』122号,pp.62—71

小森和子・三国純子・近藤安月子(2004)「文章理解を促進する語彙知識の量的側面—既知語率の閾値探索の試み—」,日本語教育学会『日本語教育』120号,pp.83—92

近藤純子(1999)「複合辞「ところを」についての論考」,日本語教育学会『日本語教育』103号,pp.11-20

齋藤亨子(2000)「オーストラリアにおける「異文化間教育としての外国語教育」カリキュラム開発の論理」,日本語教育学会『日本語教育』107号,pp.115—124

迫田久美子(2002)『日本語教育に生かす第二言語習得研究』アルク

白石大二(1988)『国語慣用句大辞典』東京堂出版

新屋映子(2010)「類義語「状況」「状態」の統語的分析—コーパスによる数量的比較」,計量国語学会『計量国語学』27-5,pp.173—193

砂川有里子(2011)「日本語教育へのコーパスの活用に向けて」,日本語教育学会『日本語教育』150,pp.4—18

大学英語教育学会学習ストラテジー研究会(2005)『言語学習と学習ストラテジー』リーベル出版

谷口すみ子(1991)「思考過程を出し合う読解授業:学習ストラテジーの観察」,日本語教育学会『日本語教育』75,pp.37—50

谷口すみ子ほか(1994)「日本語学習者の語彙習得—語彙のネットワークの形成過程—」,日本語教育学会『日本語教育』84,pp.78—91

坪井栄治郎訳(2000)(Ronald W.Langacker著)「動的使用依拠モデル」,坂原茂(2000)『認知言語学の発展』ひつじ書房,pp.61—143

坪根由香里(1994)「「ものだ」に関する一考察」,日本語教育学会『日本語教育』84号,pp.65—77

坪根由香里(1996)「終助詞・接続助詞としての「もの」の意味—「もの」「ものなら」「ものの」「ものを」—」,日本語教育学会『日本語教育』91号,pp.37—48

寺村秀夫(1978)「「ところ」の意味と機能」,大阪大学『語文』34, pp.10—19

寺村秀夫(1984)『日本語のシンタクスと意味』くろしお出版社

徳弘康代(2005)「中上級学習者のための漢字語彙の選択とその提示法の研究—学習指標値の設定と概念地図作成の試み—」,日本語教育学会『日本語教育』127号, pp.41—50

中俣尚己(2014)『日本語教育のための文法コロケーションハンドブック』くろしお出版

成田高宏(1998)「日本語学習動機と成績との関係—タイの大学生の場合—」,国際交流基金日本語国際センター『世界の日本語教育』8, pp.1—11

日本外国語専門学校編(1991)『日本語実力養成問題集』日本専門教育出版

日本語教育学会(2005)『新版日本語教育事典』大修館書店

日本国日本語教育学会誌委員会(2001—2004年度)『日本語教育』

縫部義憲・狩野不二夫・伊藤克浩(1995)「大学生の日本語学習動機に関する国際調査—ニュージーランドの場合—」,日本語教育学会『日本語教育』86号, pp.162—172

縫部義憲(2001)『日本語教師のための外国語教育学—ホリスティック・アプローチとカリキュラム・デザイン—』風間書房

野田尚史・迫田久美子ほか(2001)『日本語学習者の文法習得』大修館書店

飛田良文ほか(2007)『日本語学研究事典』明治書院

日野資成(2001)『形式語の研究—文法化の理論と応用—』九州大学出版会

藤原雅憲・籾山洋介(1997)『上級日本語教育の方法』凡人社

文化庁(1971)『外国人のための基本語用例辞典』大蔵省印刷局

北京日本学研究中心(2002-2005)『総合日本語(精読)に関する総合研究プロジェクト』

前田直子(1994)「条件表現各論—テモ/タッテ/トコロデ/トコロガ—」日本国『日本語学』13巻8号, pp:104—113

桝井迪夫(1964)「文法の効用」,語学教育研究所『語学教育』272, pp.2—5

松下達彦(2002)「中国語を母語とする日本語学習者のための語彙学習先行モジュールの提案—第二言語習得理論、言語認知、対照分析、語彙論の成果を踏まえて—」,中国『日語学習与研究』108号,pp.50—54,p.27

三国純子・小森和子・近藤安月子(2005)「聴解における語彙知識の量的側面が内容理解に及ぼす影響—読解との比較から—」,日本語教育学会『日本語教育』125号,pp.76—85

三宅知宏(2005)「現代日本語における文法化—内容語と機能語の連続性をめぐって—」,日本語学会『日本語の研究』第1巻3号,pp.61—75

三好裕子(2007)「連語による語彙指導の有効性の検討」,日本語教育学会『日本語教育』134号,pp.80—89

三好裕子(2011)「共起表現による日本語中級動詞の指導方法の検討—動詞と共起する語のカテゴリー化を促す指導の有効性とその検証—」,日本語教育学会『日本語教育』150号,pp.101—115

村岡英裕(1999)『日本語教師の方法論—教室談話分析と教授ストラテジー—』凡人社

森田良行(1971)「動作の起こり方を表わす語について—「てしまう,ておく,てみる,た」の用法—」,早稲田大学語学教育研究所『講座日本語教育』第7分冊,pp.21—43

森田良行(1993)『基礎日本語辞典』角川書店

守谷智美(2002)「第二言語教育における動機づけの研究動向—第二言語としての日本語の動機づけ研究を焦点として—」,お茶の水女子大学日本言語文化学研究会『言語文化と日本語教育』5月増刊特集号,pp.315—329

守谷智美(2004)「日本語学習の動機づけに関する探索的研究—学習成果の原因帰属を手がかりとして—」,日本語教育学会『日本語教育』120号,pp.73—82

森山新(2002)「語彙習得研究と認知言語学」,お茶の水女子大学日本言語文化学研究会『言語文化と日本語教育』5月増刊特集号, pp.152—154

谷内美智子(2001)「ある場面での語彙の学習—偶発付随的学習モデル(Incidental Learning Model)による検証—」第22回言語文化学研究会発表要旨

谷内美智子(2002)「第二言語としての語彙習得研究の概観—学習形態・方略の観点から—」,お茶の水女子大学日本言語文化学研究会『言語文化と日本語教育』5月増刊特集号, pp.155—169

谷部弘子(1999)「中国の大学における日本語教育の質的変化」,日本語教育学会『日本語教育』103号, pp.99—108

山内博之(2012)「非母語話者の日本語コミュニケーション能力」,野田尚史編『日本語教育のためのコミュニケーション研究』くろしお出版, pp.125—144

山内博之・橋本直幸ほか(2013)『実践日本語教育スタンダード』ひつじ書房

山方純子(2008)「日本語学習者のテクスト理解における未知語の意味推測—L2知識と母語背景が及ぼす影響—」,日本語教育学会『日本語教育』139号, pp.42—51

山田進(2002)「意味分類辞書」,国語学会『国語学』第53巻1号, pp.30—43

山田敏弘(2004)『日本語のベネファクティブ—「てやる」「てくれる」「てもらう」の文法—』明治書院

横山紀子(2001)「語の意味の習得におけるインプットとアウトプットの果たす役割」,『日本語国際センター紀要』11, pp.1—12

吉田妙子(2012)『日本語動詞テ形のアスペクト』晃洋書房

李文平(2014)「日本語教科書におけるコロケーションの取り扱いに関する一考察—中国の日本語教科書と現代日本語書き言葉均衡コーパスとの比較—」,日本語教育学会『日本語教育』157号, pp.63—77

林玉恵(2002)「字形の誤用からみた日中同形語の干渉及びその対策—台湾人日本語学習者を中心に—」,日本語教育学会『日本語教育』112号,pp.45—54

●中文文献:(以汉语拼音顺序排序)

北京日本学研究中心(2002—2003)《中日对译语料库》

北京日本学研究中心(2007)『日本語教科書コーパス』(JTC)

蔡全胜·杨长生(1999)《大学日语》1—4册,大连理工大学出版社

大学日语(第二外语)教学大纲修订组(1993)《大学日语(第二外语)教学大纲》,高等教育出版社

高一虹·程英·赵媛·周燕(2003)《英语学习动机类型与动机强度的关系》,《外语研究》1期,总第77期,pp.60—64

李运博(2013)《2012—2013年中国的日语语言学研究》,《日语学习与研究》6期169号,pp.1—9

林洪(2003)《基础教育阶段<日语课程标准>带来的启示——三部教学大纲(标准)的比较》,北京师范大学日文系编《日语教育与日本学研究论丛》第一辑,民族出版社,pp.3—24

林巍(2005)《试论同声传译教学的思维和语言策略》,罗选民编《语言认知与翻译研究》,外文出版社,pp.309—327

简佩芝·孙宗光(1994—1995)《新编基础日语》1—4册,上海译文出版社

蒋祖康(1999)《第二语言习得研究》,外语教学与研究出版社

教育部高等学校外语专业教学指导委员会日语组(2001)《高等院校日语专业基础阶段教学大纲》,大连理工大学出版社

教育部高等学校外语专业教学指导委员会日语组(2000)《高等院校日语专业高年级阶段教学大纲》,大连理工大学出版社

马广惠(2009)《英语专业学生二语限时写作中的词块研究》,《外语教学与研究》41卷1期,pp.54—60

毛文伟(2012)《中国日语学习者语料库》,http://cjlc.shisu.edu.cn

彭广陆·守屋三千代(2004—2006)《综合日語》1—4册,北京大学出版社

彭晶·王婉莹(2003)《专业学生与非专业学生日语学习动机及学习效果研究》,《清华大学教育研究》增1,pp.117—121

濮建忠(2003)《英语词汇教学中的类联接、搭配及词块》,《外语教学与研究》35卷6期,pp.438—445

苏琦(2000)《日语口译教程》,商务印书馆

田鸣(2001)《语言能力与交际能力并重的教学尝试》,《日语学习与研究》3期106号,pp.45—47

王华伟·曹亚辉(2012)《日语教学中基于语料库的词语搭配研究—以一组动词近义词为例》,《解放军外国语学院学报》35卷2期,pp.71—75、p.91

王婉莹(2003)《现代日语教学基础——为我国日语学习者》,世界知识出版社

王婉莹(2004)《日语专业低年级精读课教材分析》,《清华大学学报哲学社会科学版》增1,pp.96—99、p.105

王婉莹(2005b)《大学非专业学生日语学习动机类型与动机强度的定量研究》,《日语学习与研究》3期122号,pp.38—42、p.46

王婉莹(2005c)《从学习者角度探讨大学日语专业课程设置》,北京师范大学日文系编《日语教育与日本学研究论丛》,民族出版社,pp.94—105

王婉莹(2006)《从综合日语课研究看日语专业学科发展》,曹大峰主编《日语教学与教材创新研究》,高等教育出版社,pp.48—53

王婉莹(2007)《大学专业与非专业学生日语词汇学习策略研究》,《日语学习与研究》1期128号,pp.33—38

王婉莹(2013)《日语教育中实质语功能语「ところ」的意义用法研究》,《清华大学教育研究增刊》,pp.13—20

王婉莹(2014c)《日语教学标准研究——以实质语功能语研究、语言交际能力研究为出发点》,修刚、朱鹏霄主编《国际化视野中的专业日语教学改革与发展研究》,天津科学技术出版社,pp.44—54

王婉莹(2015a)《实质语功能语「おく・みる・しまう」的搭配使用研究》,教育部外国语言文学类专业教学指导委员会日语分委

员会《中国大学日语专业国家标准制定国际研讨会会议手册》,pp.51—52

王婉莹(2015b)《实质语功能语搭配使用研究——以"补助动词"为中心》,教育部外国语言文学类专业教学指导委员会日语分委员会、北京大学外国语学院日本语言文化系《跨文化交际与日语教育学术研讨会》

王文宇(1998)《观念、策略与英语词汇记忆》,《外语教学与研究》30卷1期,pp.47—52

卫乃兴(2002)《基于语料库和语料库驱动的词语搭配研究》《当代语言学》4卷2期,pp.101—114

文秋芳(1996)《英语学习策略论》,上海外语教育出版社

吴霞·王蔷(1998)《非英语专业本科学生词汇学习策略》,《外语教学与研究》30卷1期,pp.53—57

毋育新(2015)《2014年中国日语语言学研究综述》,《日语学习与研究》1期176号,pp.1—11

修刚(2011)《转型期的中国高校日语专业教育的几点思考》,《日语学习与研究》4期155号,pp.1—6

宿久高(2003)《中国日语教育的现状与未来——兼谈<专业日语教学大纲>的制定与实施》,《日语学习与研究》2期113号,pp.50—53

杨玉晨(1999)《英语词汇的"板块"性及其对英语教学的启示》,《外语界》3期,总75期,pp.24—27

曾宪凭原著·陆静华等改编(1999)《日语口译基础》,上海外语教育出版社

张佩霞·吴宇驰(2013)《近10年国内日语教学研究的现状考察》,《日语学习与研究》6期169号,pp.42—50

张萍(2001)《硕士研究生基础英语和专业英语词汇学习策略研究》,《外语教学与研究》6期33卷,pp.442—449

中国日语学习与研究编辑委员会(1998—2005)《日语学习与研究》

周平·陈小芬(1993—1995)《新编日语》1—4册,上海外语教育出版社

朱春跃·彭广陆(1998—2001)《基础日语教程》1—4册,外语教学与研究出版社

**• 英文文献:**

Oxford, R.L (1990), *Language Learning Strategies: What Every Teacher Should Know*, 宍戸通庸・伴紀子(1994)译『言語学習ストラテジー　外国語教師が知っておかなければならないこと』凡人社

O'Malley,J.M. & A.U.Chamot. (1990), *Learning Strategies in Second Language Acquisition*, Cambridge: Cambridge University Press.

**•其它:**

http://jfstandard.jp/pdf/CEFR_Cando_Category_list.pdf

http://jfstandard.jp/pdf/CEFR_Cando_Level_list.pdf

http://www.actfl.org/publications/guidelines-and-manuals/actfl-proficiency-guidelines-2012/japanese

# 资料篇[1]

## 一、「こと、もの、ところ」

### (1)「こと」搭配

| 「こと」搭配 | 统计 |
|---|---|
| という ことは 、 | 847 |
| という ことに なる | 588 |
| という ことで ある | 472 |
| という ことです。 | 321 |
| という ことで、 | 304 |
| という ことに なっ | 278 |
| という ことに なり | 219 |
| という ことだ。 | 212 |
| という ことだった | 164 |
| という ことで は | 153 |
| という ことを、 | 153 |
| ている ことは、 | 152 |
| という ことが 、 | 144 |
| という ことな の | 139 |
| したことがある | 129 |
| したことは、 | 112 |
| される ことに なっ | 111 |

① 左侧为搭配项日,右侧为搭配项目频次

续表

| 「こと」搭配 | 统计 |
|---|---|
| 。この ことは、 | 105 |
| という ことで あっ | 104 |
| である ことは、 | 103 |
| ている ことで ある | 95 |
| ている ことに なる | 90 |
| される ことに なる | 89 |
| 見たことがない | 70 |
| という ことは ない | 69 |
| 聞いた ことが ある | 67 |
| いたことは、 | 65 |
| てみる ことにし | 64 |
| 見たことがある | 64 |
| という ことに つい | 63 |
| である ことを、 | 61 |
| もさる ことながら、 | 60 |
| ている ことを 、 | 58 |
| ている ことが わかる | 57 |
| ている ことが 多い | 56 |
| どういうこと なの | 56 |
| どうすること もでき | 56 |
| ている ことを 知っ | 55 |
| という ことも ある | 55 |
| を見る ことが できる | 55 |
| ている ことが わかっ | 54 |
| という ことも、 | 52 |
| したことになる | 51 |
| という ことで あり | 51 |
| ている ことが 、 | 49 |
| という ことですね | 49 |

续表

| 「こと」搭配 | 统计 |
|---|---|
| ような ことは 、 | 49 |
| という ことが できる | 48 |
| という ことでした | 48 |
| という ことは あり | 48 |
| れたことがある | 48 |
| したことがあり | 47 |
| いたことになる | 46 |
| という ことが わかっ | 46 |
| 年のことである | 45 |
| である ことが わかっ | 44 |
| という ことも あり | 44 |
| 当然の ことながら、 | 44 |
| という ことで あろう | 43 |
| ような ことをし | 43 |
| させる ことが できる | 42 |
| という ことに し | 42 |
| という ことに なろう | 42 |
| という ことも あっ | 42 |
| したことが、 | 41 |
| ていく ことに なる | 41 |
| という ことが ある | 41 |
| 見たこともない | 41 |
| したことがあっ | 40 |
| したことで、 | 40 |
| ている ことが ある | 40 |
| という ことが でき | 40 |
| という ことに は | 40 |
| 。この ことは 、 | 39 |
| させる ことが でき | 39 |

续表

| 「こと」搭配 | 统计 |
|---|---|
| される ことに なり | 39 |
| ている ことから、 | 39 |
| という ことに 、 | 39 |
| いたことがわかる | 38 |
| という ことだろう。 | 38 |
| という ことで も | 38 |
| になる ことが 多い | 38 |
| という ことですが | 37 |
| という ことを 知っ | 37 |
| 、そんなこと はない | 36 |
| あった ことは、 | 36 |
| という ことですか | 36 |
| をする ことに なっ | 36 |
| したことである | 35 |
| ている ことに なり | 35 |
| れたことは、 | 35 |
| 驚いた ことに、 | 35 |
| 聞いた ことが あり | 35 |
| 重要な ことは 、 | 35 |
| 「そんなこと はない | 34 |
| したことのない | 34 |
| である ことが わかる | 34 |
| てしまうこと になる | 34 |
| という ことな ん | 34 |
| ならないこと は、 | 34 |
| ような ことがあっ | 34 |
| 。その ことは、 | 33 |
| したことがない | 33 |
| したこともあっ | 33 |

续表

| 「こと」搭配 | 统计 |
|---|---|
| という　ことに　なれ | 33 |
| という　ことは　、 | 33 |
| という　ことも　ない | 33 |
| ような　ことはし | 33 |
| である　ことを　知っ | 32 |
| てもらうこと　にし | 32 |
| という　ことだけで | 32 |
| したこともある | 31 |
| ている　ことに　気づい | 31 |
| という　ことと、 | 31 |
| という　ことに　も | 31 |
| とのことだった | 31 |
| ような　ことを　言っ | 31 |
| 大切な　ことは、 | 31 |
| にする　ことができる | 30 |
| 残念な　ことに　、 | 30 |
| **总计** | **97252** |

## (2)「もの」搭配

| 「もの」搭配 | 统计 |
|---|---|
| というものは、 | 528 |
| したものである | 439 |
| れたものである | 257 |
| したもので、 | 248 |
| ようなものである | 230 |
| というものである | 229 |
| ようなものだ。 | 228 |

续表

| 「もの」搭配 | 统计 |
| --- | --- |
| したものの、 | 212 |
| というものだ。 | 198 |
| ようなものだった | 182 |
| というものがある | 180 |
| ようなもので、 | 177 |
| したものです。 | 169 |
| したものだ。 | 168 |
| というものでは | 165 |
| というものです。 | 165 |
| というものだった | 150 |
| れたもので、 | 149 |
| ようなものです。 | 142 |
| したものだった | 139 |
| ているものの、 | 139 |
| 的なものである | 131 |
| したものであっ | 123 |
| というものが、 | 120 |
| はいうものの、 | 118 |
| したものでは | 117 |
| ているものは、 | 116 |
| というものであっ | 113 |
| ようなものであっ | 112 |
| いたものの、 | 107 |
| によるものである | 107 |
| ているものである | 105 |
| ようなものでは | 105 |
| 的なものでは | 102 |
| というもので、 | 86 |
| はあるものの、 | 80 |

续表

| 「もの」搭配 | 统计 |
|---|---|
| ているものです。 | 78 |
| られたものである | 76 |
| ようなものなの | 75 |
| したものであり | 74 |
| ようなものがある | 74 |
| 的なものであっ | 74 |
| とするものである | 73 |
| というものがあり | 70 |
| というものを、 | 70 |
| れたものであっ | 69 |
| れたものです。 | 69 |
| いたものが、 | 68 |
| れたものでは | 68 |
| したものは、 | 66 |
| 的なものとし | 66 |
| いたものだ。 | 65 |
| によるもので、 | 64 |
| ようなものが、 | 62 |
| れたものの、 | 62 |
| ているもので、 | 61 |
| あったものの、 | 59 |
| なかったものの、 | 59 |
| によるものでは | 59 |
| というものがあっ | 58 |
| れたものだ。 | 58 |
| れたものだった | 58 |
| したものだと | 54 |
| 的なもので、 | 54 |
| したものとし | 53 |

续表

| 「もの」搭配 | 统计 |
|---|---|
| はいるものの、 | 52 |
| みたものの、 | 52 |
| ようなものだと | 52 |
| したいものです。 | 51 |
| というものでした | 51 |
| ているものだ。 | 50 |
| ているものなの | 48 |
| いたものである | 46 |
| きたものである | 46 |
| したものだが | 45 |
| 的なものであり | 45 |
| によるものだと | 44 |
| 的なものだった | 44 |
| ためのものである | 41 |
| によるものだった | 41 |
| によるものであっ | 41 |
| ようなものは、 | 41 |
| ているものがある | 40 |
| されるものである | 39 |
| いたもので、 | 38 |
| ているものもある | 38 |
| ようなものがあっ | 38 |
| られたもので、 | 38 |
| いたものです。 | 37 |
| ているものが、 | 37 |
| というものだろう。 | 37 |
| はないものの、 | 37 |
| ようなものがあり | 37 |
| れたものであり | 37 |

续表

| 「もの」搭配 | 统计 |
|---|---|
| そういうものなの | 36 |
| ているものでは | 36 |
| というものなの | 36 |
| なったものの、 | 36 |
| ているものが多い | 35 |
| というものはない | 35 |
| によるものです。 | 35 |
| ようなものであり | 35 |
| 自分のものにし | 35 |
| いたものだった | 34 |
| れたものは、 | 34 |
| を示すものである | 34 |
| あったものが、 | 33 |
| したものなの | 33 |
| ほどのものでは | 33 |
| ようなものだが | 33 |
| 示したものである | 33 |
| されるものでは | 32 |
| したものであろう | 32 |
| ているものだから | 32 |
| したものを、 | 31 |
| たまったものでは | 31 |
| なったものである | 31 |
| みたいなもので、 | 31 |
| したものと思わ | 30 |
| というものがない | 30 |
| ようなものを感じ | 30 |
| 总计 | 87868 |

## (3)「ところ」搭配

| 「ところ」搭配 | 统计 |
| --- | --- |
| 。　ところが、 | 2164 |
| た。ところが、 | 1424 |
| 。　ところで、 | 1372 |
| で定めるところにより | 1249 |
| ているところでござい | 1213 |
| ておるところでござい | 775 |
| ているところである | 529 |
| です。ところが、 | 417 |
| ます。ところが、 | 410 |
| ているところであり | 365 |
| したところで、 | 291 |
| ある。ところが、 | 281 |
| 「ところで、 | 228 |
| の定めるところにより | 214 |
| だ。ところが、 | 185 |
| ているところです。 | 185 |
| きたところである | 173 |
| ておるところであり | 165 |
| いる。ところが、 | 162 |
| ているところもある | 159 |
| ているところだった | 155 |
| ない。ところが、 | 142 |
| ます。ところで、 | 127 |
| ね。ところが、 | 126 |
| ているところがある | 121 |
| というところで、 | 119 |
| によるところが大きい | 119 |

续表

| 「ところ」搭配 | 统计 |
|---|---|
| ているところもあり | 104 |
| したところでござい | 101 |
| したところである | 98 |
| きたところでござい | 93 |
| ているところへ、 | 92 |
| いったところでしょうか | 88 |
| 「ところが、 | 86 |
| た。ところで、 | 84 |
| ているところに、 | 81 |
| というところは、 | 81 |
| きたところであり | 79 |
| ているところでは | 78 |
| したところであり | 77 |
| ようなところがある | 77 |
| ているところだ。 | 76 |
| したところ、「 | 71 |
| ているところは、 | 71 |
| ているところがあり | 70 |
| なったところで、 | 70 |
| ているところが多い | 67 |
| よ。ところが、 | 67 |
| ね。ところで、 | 66 |
| 」ところが、 | 64 |
| 出たところで、 | 64 |
| た。ところがその | 63 |
| というところに、 | 63 |
| みたところで、 | 62 |
| れたところである | 61 |
| いったところで、 | 57 |

续表

| 「ところ」搭配 | 统计 |
| --- | --- |
| ているところから、 | 56 |
| というところでござい | 55 |
| 。　ところがこの | 54 |
| きたところで、 | 54 |
| です。ところで、 | 54 |
| というところがある | 54 |
| したところでは | 53 |
| というところにある | 53 |
| 聞いたところでは | 53 |
| いたところだった | 52 |
| ているところで、 | 52 |
| ているところを、 | 51 |
| 。　ところでこの | 50 |
| されるところである | 50 |
| に負うところが大きい | 50 |
| 。「ところで、 | 49 |
| というところです。 | 49 |
| というところまでは | 49 |
| ある。ところで、 | 48 |
| する。ところが、 | 47 |
| いったところか。 | 45 |
| なる。ところが、 | 45 |
| いったところです。 | 44 |
| ているところを見る | 44 |
| というところが、 | 44 |
| に定めるところによる | 44 |
| いったところだ。 | 43 |
| れたところで、 | 43 |
| 。　ところがその | 42 |

续表

| 「ところ」搭配 | 统计 |
| --- | --- |
| た。ところがこの | 42 |
| ようなところがあり | 42 |
| ているところをみる | 41 |
| ようなところがあっ | 40 |
| 聞いたところによる | 40 |
| したところが、 | 38 |
| でしょう。ところが、 | 38 |
| というところでしょうか | 38 |
| の定めるところによる | 38 |
| 言ったところで、 | 38 |
| ているところが、 | 37 |
| ているところがあっ | 37 |
| ているところを見 | 37 |
| てくるところだった | 37 |
| に定めるところにより | 37 |
| れたところであり | 35 |
| いたところに、 | 34 |
| ているところなん | 34 |
| いたところで、 | 33 |
| いたところへ、 | 33 |
| であるところから、 | 33 |
| になるところです。 | 33 |
| 今のところは、 | 33 |
| 離れたところにある | 33 |
| でいるところでござい | 32 |
| というところだ。 | 32 |
| というところもある | 32 |
| れる。ところが、 | 32 |
| いたところだ。 | 31 |

续表

| 「ところ」搭配 | 统计 |
|---|---|
| いたしたところでござい | 31 |
| というところから、 | 31 |
| とするところは、 | 31 |
| れたところでござい | 31 |
| 聞いたところ、「 | 31 |
| いたところである | 30 |
| きたところです。 | 30 |
| 总计 | 97365 |

## 二、「ある、いる、いく、くる」

### (1–1)「ある」

| 「ある」搭配 | 统计 |
|---|---|
| ことがあります。 | 368 |
| ことはありません | 214 |
| 必要があります。 | 214 |
| こともあります。 | 175 |
| 」とあるのは | 146 |
| 必要がある。 | 139 |
| 場合があります。 | 111 |
| こともあった。 | 100 |
| ことがあった。 | 97 |
| ものがあります。 | 91 |
| こともあって、 | 85 |
| 必要はありません | 76 |
| 性があります。 | 71 |
| ことがあるので | 68 |

续表

| 「ある」搭配 | 统计 |
|---|---|
| ことがある。 | 61 |
| 場合もあります。 | 57 |
| ものがあった。 | 51 |
| ことがありません | 48 |
| こともある。 | 47 |
| ことがありますが | 44 |
| ことがあるのです | 42 |
| こともありました | 41 |
| ことがあっても | 40 |
| ことがありました | 40 |
| 必要があると認める | 40 |
| 書いてあります。 | 40 |
| 書いてありました | 39 |
| 事はありません | 37 |
| ことがあるが、 | 36 |
| 事があります。 | 36 |
| 問題があります。 | 36 |
| こともあるが、 | 35 |
| 必要がある。 | 35 |
| 話がありました | 35 |
| ことがあるんです | 34 |
| 必要があるので | 34 |
| などがあります。 | 33 |
| ものもあります。 | 32 |
| 总计 | 100000 |

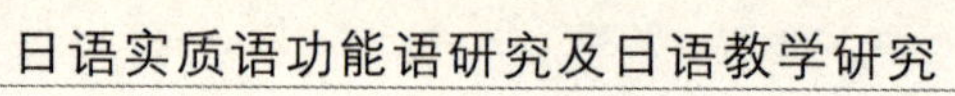


## (1–2)「てある」

| 「てある」搭配 | 统计 |
| --- | --- |
| と 書い て あり まし た | 16 |
| と 書い て あり ます 。 | 14 |
| が 書い て あっ た 。 | 12 |
| と 書い て あっ た の | 9 |
| が 置い て あっ た 。 | 8 |
| に し て あり ます 。 | 7 |
| に 書い て あり まし た | 7 |
| に 書い て あり ます 。 | 7 |
| が 書い て あり ます 。 | 6 |
| と 書い て あっ た 。 | 6 |
| と 書い て ある 。 | 6 |
| が 書い て あり まし た | 5 |
| **总计** | **1845** |

## (1–3)「である」

| 「である」搭配 | 统计 |
| --- | --- |
| 積ん | 131 |
| 挟ん | 39 |
| 頼ん | 38 |
| 包ん | 30 |
| 結ん | 28 |
| つない | 25 |
| 刻ん | 18 |
| 仕込ん | 18 |
| 書き込ん | 16 |
| 進む | 15 |

续表

| 「である」搭配 | 统计 |
| --- | --- |
| 組ん | 12 |
| 脱い | 11 |
| 選ん | 11 |
| 突っ込ん | 10 |
| **总计** | **4685** |

## (2–1)「いる」

| 「いる」搭配 | 统计 |
| --- | --- |
| しています。 | 1748 |
| していた。 | 1353 |
| している。 | 1185 |
| れています。 | 1072 |
| れていた。 | 705 |
| れている。 | 637 |
| なっている。 | 530 |
| していたの | 521 |
| なっていた。 | 517 |
| なっています。 | 510 |
| していました | 400 |
| 考えております。 | 312 |
| 思っています。 | 295 |
| れているが、 | 283 |
| しているが、 | 260 |
| しております。 | 255 |
| しているという | 234 |
| していて、 | 231 |
| られていた。 | 223 |

续表

| 「いる」搭配 | 统计 |
|---|---|
| られています。 | 214 |
| 思っております。 | 209 |
| していたが | 207 |
| れていました | 192 |
| れていたの | 190 |
| していたと | 161 |
| していますが | 161 |
| しているので | 157 |
| れていて、 | 156 |
| していたこと | 155 |
| れているという | 154 |
| られている。 | 153 |
| 思っていたの | 146 |
| れていない。 | 143 |
| していません | 137 |
| していなかった | 136 |
| していない。 | 134 |
| 考えています。 | 130 |
| れていますが | 127 |
| いたしております。 | 126 |
| れていたが | 123 |
| している。また | 121 |
| れております。 | 121 |
| していると、 | 119 |
| 見ていた。 | 116 |
| 考えていた。 | 115 |
| 思っていた。 | 113 |
| なっております。 | 111 |
| なっていました | 110 |

续表

| 「いる」搭配 | 统计 |
|---|---|
| 行っています。 | 106 |
| していないの | 103 |
| している。この | 103 |
| なっていたの | 101 |
| 見ていると、 | 99 |
| きている。 | 95 |
| なっていて、 | 95 |
| 立っていた。 | 95 |
| 思っていました | 95 |
| れている。この | 94 |
| れていなかった | 92 |
| れていません | 92 |
| している。これ | 89 |
| している。その | 89 |
| していたん | 84 |
| 知っていた。 | 84 |
| していても | 83 |
| なっている。また | 83 |
| きています。 | 82 |
| しているのは | 82 |
| れていたと | 81 |
| 持っていた。 | 81 |
| 言っていました | 79 |
| せていた。 | 78 |
| てはいない。 | 77 |
| していないと | 76 |
| しているのか | 75 |
| 行っている。 | 73 |
| れていたこと | 72 |

续表

| 「いる」搭配 | 统计 |
|---|---|
| れているので | 71 |
| している。「 | 70 |
| しているのだ | 70 |
| なっている。この | 69 |
| なっているという | 69 |
| れている。また | 69 |
| れている。 | 69 |
| している。しかし | 66 |
| 言っていた。 | 66 |
| 持っています。 | 65 |
| れている。その | 64 |
| 見つめていた。 | 63 |
| 入っていた。 | 63 |
| なっているが、 | 62 |
| れている。( | 62 |
| れている。これ | 62 |
| 待っていた。 | 62 |
| 感じていた。 | 62 |
| ついていた。 | 61 |
| てはいなかった | 61 |
| わかっていた。 | 59 |
| なっていますが | 55 |
| られていたの | 55 |
| 始めていた。 | 55 |
| 言っています。 | 54 |
| していたから | 53 |
| れていないの | 52 |
| 人もいます。 | 52 |
| している。それ | 51 |

续表

| 「いる」搭配 | 统计 |
|---|---|
| きていた。 | 50 |
| していたもの | 50 |
| していたよう | 50 |
| 考えていたの | 50 |
| 述べている。 | 50 |
| していたか | 49 |
| していますか | 49 |
| れていないと | 49 |
| していますの | 48 |
| なっている。これ | 48 |
| 困っています。 | 48 |
| していないこと | 47 |
| 人がいます。 | 47 |
| 続けていた。 | 47 |
| られていました | 46 |
| 思っていたが | 46 |
| しまっていた。 | 45 |
| 知っていたの | 45 |
| していたら、 | 44 |
| していることが | 44 |
| もっていた。 | 44 |
| られているが、 | 44 |
| れている。しかし | 44 |
| 聞いていた。 | 44 |
| している」と | 43 |
| しているように | 43 |
| しておりました | 43 |
| 使っています。 | 43 |
| せている。 | 42 |

续表

| 「いる」搭配 | 统计 |
| --- | --- |
| なっている。その | 42 |
| 出ています。 | 42 |
| 示している。 | 42 |
| 書いている。 | 42 |
| 眺めていた。 | 42 |
| しているとは | 41 |
| しているのです | 41 |
| てはいるが、 | 41 |
| れているのは | 41 |
| 入っています。 | 41 |
| 思っていなかった | 41 |
| 増えています。 | 41 |
| てはいません | 40 |
| 聞いております。 | 40 |
| 言っていたの | 39 |
| していたわけ | 38 |
| している、と | 38 |
| 座っていた。 | 38 |
| している。 | 37 |
| しておりますが | 37 |
| れていないこと | 37 |
| 思っていたら、 | 37 |
| していなければ | 36 |
| しています( | 36 |
| しているか、 | 36 |
| していると考え | 36 |
| られていて、 | 36 |
| している。第 | 35 |
| しておりません | 35 |

续表

| 「いる」搭配 | 统计 |
| --- | --- |
| なっていたが | 35 |
| なっていたと | 35 |
| 悩んでいます。 | 35 |
| 語っている。 | 35 |
| していることに | 34 |
| てはいたが | 34 |
| にはいられない | 34 |
| れていないが | 34 |
| 出ていないよう | 34 |
| 思っていたん | 34 |
| 占めている。 | 34 |
| きているという | 33 |
| していた、 | 33 |
| していますよ | 33 |
| しているから、 | 33 |
| しているわけで | 33 |
| なっているが、 | 33 |
| はじめていた。 | 33 |
| れていたから | 33 |
| 出していた。 | 33 |
| 見ていたの | 33 |
| 知っています。 | 33 |
| しているからで | 32 |
| なっている。しかし | 32 |
| られていたが | 32 |
| れているように | 32 |
| 続いていた。 | 32 |
| していることを | 31 |
| しておりまして | 31 |

续表

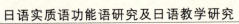

| 「いる」搭配 | 统计 |
| --- | --- |
| なっているので | 31 |
| れている。それ | 31 |
| 歩いていた。 | 31 |
| 残っていた。 | 31 |
| 迷っています。 | 31 |
| 知っていて、 | 31 |
| していたとき | 30 |
| していると思い | 30 |
| しているのだろう | 30 |
| しているんだ | 30 |
| 取り組んでいます。 | 30 |
| 人がいますが | 30 |
| **总计** | 100000 |

## (2-2)「ている」

| 「ている」搭配 | 统计 |
| --- | --- |
| されています。 | 537 |
| になっていた。 | 377 |
| されている。 | 356 |
| となっている。 | 331 |
| になっています。 | 282 |
| と思っています。 | 240 |
| されていた。 | 207 |
| としている。 | 188 |
| をしていた。 | 169 |
| としていた。 | 148 |
| となっています。 | 143 |

续表

| 「ている」搭配 | 统计 |
|---|---|
| にしています。 | 135 |
| に考えております。 | 134 |
| になっている。 | 131 |
| をしています。 | 130 |
| と考えております。 | 129 |
| と思っていたの | 117 |
| と思っております。 | 117 |
| されているが、 | 103 |
| としています。 | 98 |
| てきている。 | 92 |
| いわれています。 | 81 |
| と考えています。 | 81 |
| にしていた。 | 81 |
| になっていました | 80 |
| をしていたの | 80 |
| されていました | 79 |
| されていたの | 76 |
| になっております。 | 76 |
| を見ていると、 | 76 |
| てきています。 | 75 |
| と思っていた。 | 74 |
| になっていて、 | 73 |
| を見ていた。 | 72 |
| を持っていた。 | 71 |
| を行っています。 | 70 |
| されていない。 | 68 |
| と思っていました | 68 |
| になっていたの | 68 |
| をしていました | 68 |

续表

| 「ている」搭配 | 统计 |
|---|---|
| を行っている。 | 67 |
| されております。 | 66 |
| されているという | 65 |
| されていて、 | 63 |
| 言われています。 | 62 |
| となっている。また | 60 |
| されていません | 57 |
| となっていた。 | 55 |
| をいたしております。 | 55 |
| されていたが | 54 |
| されていますが | 53 |
| されている。この | 53 |
| に思っております。 | 53 |
| をしている。 | 53 |
| を持っています。 | 53 |
| と考えていた。 | 52 |
| と言っていました | 52 |
| になっているという | 49 |
| を見つめていた。 | 46 |
| 増加している。 | 45 |
| となっている。この | 44 |
| としていたの | 43 |
| をしているという | 43 |
| をしていて、 | 42 |
| されている。また | 41 |
| されているが、 | 41 |
| されているので | 41 |
| てしまっていた。 | 41 |
| と思っていたが | 41 |

续表

| 「ている」搭配 | 统计 |
|---|---|
| にしている。 | 40 |
| が立っていた。 | 39 |
| てきていた。 | 39 |
| がついていた。 | 38 |
| をもっていた。 | 38 |
| されていなかった | 36 |
| されている。これ | 35 |
| されている。その | 35 |
| をしていると、 | 35 |
| を待っていた。 | 35 |
| を示している。 | 35 |
| 考えられています。 | 35 |
| を感じていた。 | 34 |
| いわれている。 | 33 |
| が出ていないよう | 33 |
| となっている(第 | 33 |
| と言っていた。 | 33 |
| されていたと | 32 |
| と言っています。 | 32 |
| に立っていた。 | 32 |
| をしております。 | 32 |
| を占めている。 | 32 |
| と思っていたら、 | 31 |
| になっていますが | 31 |
| が入っていた。 | 30 |
| にしていたの | 30 |
| になっているが、 | 30 |
| 使われています。 | 30 |

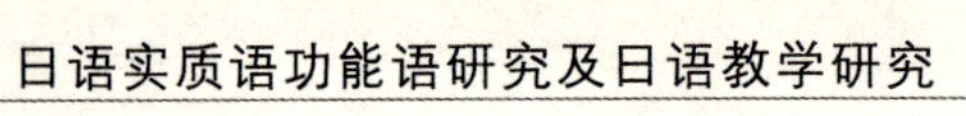


续表

| 「ている」搭配 | 统计 |
|---|---|
| 書かれています。 | 30 |
| 总计 | 86380 |

## (2–3)「でいる」

| 「でいる」搭配 | 统计 |
|---|---|
| 住ん | 4771 |
| 進ん | 2159 |
| 呼ん | 2009 |
| 並ん | 1950 |
| 読ん | 1910 |
| 飲ん | 1597 |
| 悩ん | 1593 |
| 遊ん | 1113 |
| 取り組ん | 1078 |
| 楽しん | 1026 |
| 望ん | 980 |
| 含ん | 920 |
| 死ん | 761 |
| 喜ん | 680 |
| 苦しん | 642 |
| 潜ん | 623 |
| 浮かん | 555 |
| 飛ん | 503 |
| 及ん | 470 |
| 結ん | 444 |
| 思い込ん | 425 |
| 叫ん | 394 |

续表

| 「でいる」搭配 | 统计 |
|---|---|
| 混ん | 364 |
| 休ん | 350 |
| 学ん | 337 |
| 泳い | 332 |
| 営ん | 326 |
| 次い | 301 |
| 選ん | 292 |
| よん | 282 |
| つかん | 281 |
| 落ち込ん | 266 |
| 運ん | 259 |
| 憎ん | 256 |
| 沈ん | 255 |
| 思いこん | 248 |
| 絡ん | 237 |
| 騒い | 228 |
| 急い | 223 |
| 組ん | 221 |
| 富ん | 214 |
| すん | 212 |
| 孕ん | 195 |
| 積ん | 194 |
| 注い | 190 |
| 励ん | 181 |
| 包ん | 179 |
| 踏ん | 175 |
| 頼ん | 165 |
| 済ん | 162 |
| 込ん | 153 |

续表

| 「でいる」搭配 | 统计 |
| --- | --- |
| 稼い | 150 |
| 生ん | 146 |
| 見込ん | 144 |
| つない | 142 |
| 受け継い | 134 |
| 囲ん | 126 |
| 病ん | 123 |
| 入り込ん | 123 |
| 微笑ん | 122 |
| 待ち望ん | 120 |
| 佇ん | 120 |
| 歩ん | 117 |
| 澄ん | 115 |
| たたずん | 110 |
| 睨ん | 105 |
| にじん | 104 |
| 考えこん | 103 |
| 目論ん | 94 |
| すすん | 93 |
| 防い | 92 |
| 悲しん | 91 |
| 膨らん | 91 |
| はしゃい | 90 |
| 考え込ん | 90 |
| 臨ん | 88 |
| 棲ん | 87 |
| 取り囲ん | 84 |
| くつろい | 82 |
| 企ん | 80 |

续表

| 「でいる」搭配 | 统计 |
| --- | --- |
| 止ん | 79 |
| 担い | 79 |
| 恨ん | 77 |
| 拒ん | 77 |
| 摑ん | 75 |
| ふくらん | 74 |
| 歪ん | 71 |
| ふくん | 70 |
| 溶け込ん | 70 |
| 立ち並ん | 68 |
| 噛ん | 67 |
| 滲ん | 67 |
| よろこん | 66 |
| 伸び悩ん | 65 |
| 刻ん | 64 |
| あえい | 63 |
| ゆがん | 63 |
| 親しん | 63 |
| 書き込ん | 62 |
| 取り込ん | 60 |
| 信じ込ん | 60 |
| 打ち込ん | 59 |
| およん | 58 |
| 覗き込ん | 58 |
| 突っ込ん | 56 |
| たくらん | 55 |
| 盛り込ん | 55 |
| 詠ん | 55 |
| 産ん | 54 |

续表

| 「でいる」搭配 | 统计 |
|---|---|
| 痛ん | 54 |
| 座り込ん | 54 |
| 喘い | 53 |
| 涙ぐん | 53 |
| のぞきこん | 52 |
| ふさい | 52 |
| 好ん | 51 |
| 緩ん | 51 |
| 流れ込ん | 50 |
| **总计** | **46603** |

## (3-1)「いく」

| 「いく」搭配 | 统计 |
|---|---|
| て は いけ ませ ん | 593 |
| し て いっ た 。 | 531 |
| て は いけ ない 。 | 448 |
| し て いき ます 。 | 409 |
| し て いく こと が | 396 |
| に は いか ない 。 | 382 |
| し て いく と いう | 371 |
| て は いけ ない と | 370 |
| し て いき たい と | 303 |
| なけれ ば いけ ない と | 297 |
| なっ て いっ た 。 | 281 |
| て は いけ ない の | 268 |
| し て いか なけれ ば | 257 |
| れ て いっ た 。 | 233 |

续表

| 「いく」搭配 | 统计 |
|---|---|
| していく必要が | 225 |
| なければいけないの | 221 |
| なければいけない。 | 205 |
| 出ていった。 | 199 |
| なければいけません | 193 |
| にはいきません | 192 |
| していくために | 180 |
| ないといけないの | 180 |
| ないといけません | 164 |
| にはいかなかった | 152 |
| てはいけない」 | 146 |
| 出て行った。 | 141 |
| していったの | 138 |
| していくことに | 136 |
| にはいかないの | 125 |
| 入っていった。 | 125 |
| てはいけない、 | 117 |
| てはいけないこと | 112 |
| していく。 | 111 |
| ないといけない。 | 109 |
| 歩いていった。 | 101 |
| していくのか | 95 |
| ないといけないと | 94 |
| 消えていった。 | 92 |
| していこうという | 91 |
| していくことを | 85 |
| していくので | 85 |
| なっていきます。 | 83 |
| していきました | 78 |

续表

| 「いく」搭配 | 统计 |
| --- | --- |
| ないといけないん | 76 |
| なければいけない、 | 76 |
| 考えていかなければ | 76 |
| していくと、 | 75 |
| なっていく。 | 72 |
| 帰っていった。 | 70 |
| そうはいかない。 | 68 |
| していくかと | 66 |
| していくことは | 66 |
| していくことと | 65 |
| にもいかない。 | 65 |
| れていきます。 | 63 |
| どこに行っても | 62 |
| なければいけないこと | 62 |
| していくための | 59 |
| していくのが | 59 |
| していけば、 | 59 |
| なっていったの | 59 |
| 歩いて行った。 | 59 |
| いけないの | 58 |
| していきたい。 | 58 |
| どこへ行っても | 58 |
| 去っていった。 | 58 |
| 入って行った。 | 56 |
| していきましょう。 | 55 |
| てはいけないん | 55 |
| れていったの | 55 |
| にもいかず、 | 54 |
| 図っていくことが | 52 |

续表

| 「いく」搭配 | 统计 |
| --- | --- |
| していかないと | 51 |
| なくちゃいけないの | 51 |
| にはいかないと | 51 |
| なければいけないん | 50 |
| 見に行きました | 50 |
| していくことで | 49 |
| せていった。 | 49 |
| 行こうと思っ | 48 |
| 戻っていった。 | 48 |
| れていく。 | 47 |
| 進めていきます。 | 47 |
| していく上で | 45 |
| ではいけません | 45 |
| られていった。 | 44 |
| 近づいていった。 | 44 |
| 図っていく必要が | 43 |
| なっていくという | 42 |
| なっていくのか | 42 |
| していきたい」 | 41 |
| なければいかぬと | 41 |
| なくちゃいけない。 | 40 |
| やっていきたいと | 40 |
| 帰って行った。 | 40 |
| 連れていった。 | 40 |
| していきたい、 | 39 |
| ではいけない。 | 39 |
| なっていきました | 39 |
| なっていくので | 39 |
| 連れて行ってくれ | 39 |

续表

| 「いく」搭配 | 统计 |
|---|---|
| 落ちていった。 | 39 |
| していこうとする | 38 |
| していったと | 38 |
| そうはいきません | 38 |
| れていくという | 38 |
| 進んでいった。 | 38 |
| にもいきません | 37 |
| れていくことに | 37 |
| 見に行った。 | 37 |
| わけにいかない。 | 36 |
| やっていかなければ | 35 |
| ついていった。 | 34 |
| なくちゃいけないん | 34 |
| にはいかない」 | 34 |
| 走っていった。 | 34 |
| にはいかないから | 33 |
| 進めていかなければ | 33 |
| 連れて行かれた | 33 |
| 連れて行った。 | 33 |
| していくか、 | 32 |
| していくような | 32 |
| てはいけないもの | 32 |
| 見ていくと、 | 32 |
| していくのです | 31 |
| して行った。 | 31 |
| ではいけないと | 31 |
| てはいけないよ | 31 |
| てはいけなかった | 31 |
| なければいけない」 | 31 |

续表

| 「いく」搭配 | 统计 |
|---|---|
| やっていくという | 31 |
| 見ていきましょう。 | 31 |
| 進めていきたいと | 31 |
| 離れていった。 | 31 |
| していくべきで | 30 |
| していけばいい | 30 |
| どこへ行ったの | 30 |
| にはいかないん | 30 |
| にはゆかない。 | 30 |
| 歩いていくと、 | 30 |
| 進めていくことが | 30 |
| 連れていかれた | 30 |
| 連れていってくれ | 30 |
| 生きていくために | 30 |
| **总计** | 100000 |

## (3–2)「ていく」

| 「ていく」搭配 | 统计 |
|---|---|
| になっていった。 | 164 |
| を出ていった。 | 115 |
| されていった。 | 93 |
| をしていくという | 73 |
| に入っていった。 | 72 |
| をしていきたいと | 66 |
| をしていかなければ | 61 |
| を図っていくことが | 50 |
| を図っていく必要が | 42 |

续表

| 「ていく」搭配 | 统计 |
| --- | --- |
| になっていきます。 | 38 |
| になっていく。 | 38 |
| になっていったの | 37 |
| から出ていった。 | 36 |
| となっていった。 | 36 |
| にしていきたいと | 34 |
| に出ていった。 | 34 |
| に入って行った。 | 33 |
| へ入っていった。 | 33 |
| を進めていきます。 | 33 |
| 推進していくことが | 32 |
| 推進していく必要が | 32 |
| に消えていった。 | 31 |
| 总计 | 43986 |

## (3–3)「でいく」

| 「でいく」搭配 | 统计 |
| --- | --- |
| 進ん | 924 |
| 飛ん | 744 |
| 死ん | 526 |
| 取り組ん | 357 |
| 沈ん | 193 |
| 運ん | 159 |
| 読ん | 139 |
| 学ん | 123 |
| 膨らん | 92 |
| 歩ん | 78 |

续表

| 「でいく」搭配 | 统计 |
|---|---|
| つない | 77 |
| 飛び込ん | 69 |
| 泳い | 61 |
| 選ん | 58 |
| 突っ込ん | 50 |
| 突き進ん | 49 |
| 飲ん | 45 |
| 急い | 44 |
| のめり込ん | 43 |
| 積ん | 43 |
| 引き継い | 39 |
| 乗り込ん | 37 |
| 追い込ん | 37 |
| 踏み込ん | 35 |
| 踏ん | 35 |
| 落ち込ん | 34 |
| 取り込ん | 33 |
| すっ飛ん | 31 |
| 飛びこん | 30 |
| 入り込ん | 30 |
| **总计** | **6128** |

## (4–1)「くる」

| 「くる」搭配 | 统计 |
|---|---|
| してきた。 | 1141 |
| やってきた。 | 684 |
| れてきた。 | 677 |

续表

| 「くる」搭配 | 统计 |
| --- | --- |
| なってきた。 | 653 |
| してきました | 624 |
| なってきている | 480 |
| してきたの | 475 |
| なってきました | 417 |
| してきている | 390 |
| 出てきた。 | 388 |
| 出てきます。 | 348 |
| 入ってきた。 | 276 |
| 出てきて、 | 255 |
| 出てきました | 252 |
| 行ってきました | 247 |
| れてきました | 241 |
| やってきて、 | 238 |
| してきたが | 217 |
| なってきます。 | 214 |
| 出てきたの | 205 |
| れてきたの | 201 |
| やってきたの | 194 |
| してきたこと | 191 |
| 戻ってきた。 | 189 |
| なってきたの | 185 |
| 聞こえてきた。 | 179 |
| れてきている | 170 |
| してきたと | 159 |
| 出てきている | 157 |
| してきます。 | 155 |
| してきて、 | 148 |
| られてきた。 | 148 |

续表

| 「くる」搭配 | 统计 |
|---|---|
| やってきました | 145 |
| 帰ってきました | 140 |
| なってくる。 | 134 |
| 出てこない。 | 134 |
| なってきてい | 127 |
| れてきたが | 121 |
| 帰ってきた。 | 118 |
| 返ってきた。 | 113 |
| 見えてきた。 | 113 |
| 出てくるので | 104 |
| してくる。 | 102 |
| やって来たの | 102 |
| してきており | 96 |
| れてきたこと | 93 |
| 違ってきます。 | 93 |
| やって来て、 | 91 |
| 持ってきてくれ | 90 |
| 近づいてきた。 | 90 |
| なってきて、 | 85 |
| なってくると、 | 85 |
| 出てくる。 | 85 |
| してきたもの | 84 |
| してこなかった | 84 |
| 入ってきて、 | 83 |
| 続けてきた。 | 83 |
| 行って来ました | 81 |
| 行ってきた。 | 78 |
| 出てこなかった | 77 |
| 帰ってきて、 | 77 |

续表

| 「くる」搭配 | 统计 |
|---|---|
| なってきたと | 76 |
| れてきたもの | 76 |
| 持ってきて、 | 76 |
| 出てきたと | 76 |
| 出てきません | 76 |
| 帰ってきたの | 76 |
| 出てきてい | 75 |
| かかってきた。 | 74 |
| 入ってきたの | 72 |
| してきたん | 70 |
| 出てくるという | 70 |
| わかってきた。 | 69 |
| 増えてきている | 69 |
| かけてきた。 | 68 |
| してきてい | 68 |
| 変わってきている | 67 |
| 見てきました | 66 |
| 買ってきました | 66 |
| やってきたこと | 65 |
| れてきたと | 65 |
| してきたよう | 63 |
| なってきており | 63 |
| 出てくるのは | 62 |
| 入って来た。 | 61 |
| せてきた。 | 60 |
| れてこなかった | 59 |
| 戻って来た。 | 58 |
| 伝わってきた。 | 58 |
| 行ったり来たりし | 57 |

续表

| 「くる」搭配 | 统计 |
|---|---|
| 言ってきた。 | 56 |
| してきた、 | 55 |
| してきたか | 54 |
| してきたから | 54 |
| してくると、 | 54 |
| もどってきた。 | 54 |
| 見てきた。 | 54 |
| 出てこないの | 53 |
| 出て来た。 | 53 |
| 生まれてきたの | 53 |
| してきたわけ | 52 |
| 買ってきてくれ | 52 |
| 述べてきたよう | 52 |
| 言ってきました | 52 |
| やってきたと | 51 |
| れてきてい | 51 |
| 変わってきます。 | 51 |
| 持ってきた。 | 51 |
| 出てきますが | 51 |
| 生きてきた。 | 51 |
| 出てくるのです | 50 |
| 見てきたよう | 50 |
| 見えてきます。 | 50 |
| してくるので | 49 |
| なってきたこと | 49 |
| 聞こえてくる。 | 49 |
| してきたところ | 48 |
| でてきます。 | 48 |
| 帰ってきてから | 48 |

续表

| 「くる」搭配 | 统计 |
|---|---|
| 戻ってきたの | 48 |
| 運んできた。 | 48 |
| して来た。 | 47 |
| して来たの | 47 |
| やってきます。 | 47 |
| 持ってきたの | 47 |
| 返ってきました | 47 |
| 帰ってくると、 | 47 |
| わかってきました | 46 |
| 買ってきて、 | 46 |
| 入ってきました | 46 |
| ついてきた。 | 45 |
| 出てきたん | 45 |
| 出てくると、 | 45 |
| 戻ってきて、 | 45 |
| 増えてきました | 45 |
| なってくるので | 44 |
| 出てくるんです | 44 |
| 飛び込んできた。 | 44 |
| なって来た。 | 43 |
| られてきました | 43 |
| れてきており | 43 |
| 出てくるわけで | 43 |
| 連れてこられた | 43 |
| 帰ってきたとき | 42 |
| 戻ってきました | 42 |
| やって来ました | 41 |
| 出てきたこと | 41 |
| 出てこないと | 41 |

续表

| 「くる」搭配 | 统计 |
| --- | --- |
| 出て来て、 | 41 |
| 進めてきた。 | 41 |
| 続けてきたの | 41 |
| してきた人 | 40 |
| でてきた。 | 40 |
| みてきたよう | 40 |
| 飛んできた。 | 40 |
| 話しかけてきた。 | 40 |
| られてきたの | 39 |
| 行ってきます。 | 39 |
| でてきました | 38 |
| なってきたよう | 38 |
| 出てくるような | 38 |
| 見えてきました | 38 |
| 入ってきたとき | 38 |
| してこられた | 37 |
| して来ました | 37 |
| つづけてきた。 | 37 |
| 出てきても | 37 |
| 出てくると思い | 37 |
| 出てくるわけです | 37 |
| 帰って来た。 | 37 |
| 続けてきました | 37 |
| 言ってきたの | 37 |
| 増えてきた。 | 37 |
| ここに来たの | 36 |
| どこから来たの | 36 |
| られてきている | 36 |

续表

| 「くる」搭配 | 统计 |
|---|---|
| れてきて、 | 36 |
| 出てきたとき | 36 |
| 出てきますよ | 36 |
| 行ってきている | 36 |
| 伝わってくる。 | 36 |
| やってくる。 | 35 |
| やってくると、 | 35 |
| 聞いてきた。 | 35 |
| 伝わってきます。 | 35 |
| もってきて、 | 34 |
| 出てくるのか | 34 |
| 訪ねてきた。 | 34 |
| 降りてきた。 | 34 |
| れてきます。 | 33 |
| 出てくるのが | 33 |
| 帰ってきたら、 | 33 |
| 集まってきた。 | 33 |
| 流れてきた。 | 33 |
| してきたため | 32 |
| してきたら、 | 32 |
| てきました | 32 |
| れてきたわけ | 32 |
| 出てきたもの | 32 |
| 出て来たの | 32 |
| 高まってきている | 32 |
| 見えてこない。 | 32 |
| 降ってきた。 | 32 |
| 落ちてきた。 | 32 |
| 迫ってきた。 | 32 |

续表

| 「くる」搭配 | 统计 |
|---|---|
| 求めてきた。 | 32 |
| 戻ってくると、 | 32 |
| わかってきたの | 31 |
| 出てきたところ | 31 |
| かけてきたの | 30 |
| してきたとき | 30 |
| メールが来ました | 30 |
| れてくる。 | 30 |
| 聞こえてきました | 30 |
| 总计 | 100000 |

## (4-2)「てくる」

| 「てくる」搭配 | 统计 |
|---|---|
| になってきた。 | 359 |
| されてきた。 | 290 |
| になってきている | 227 |
| になってきました | 219 |
| が出てきた。 | 192 |
| が出てきます。 | 186 |
| が出てきて、 | 147 |
| がやってきた。 | 137 |
| が出てきました | 135 |
| にやってきた。 | 133 |
| が聞こえてきた。 | 132 |
| に行ってきました | 131 |
| になってきます。 | 128 |
| に入ってきた。 | 105 |
| がやってきて、 | 102 |

续表

| 「てくる」搭配 | 统计 |
|---|---|
| されてきている | 100 |
| が返ってきた。 | 99 |
| が入ってきた。 | 95 |
| が見えてきた。 | 93 |
| されてきたの | 88 |
| されてきました | 88 |
| になってきたの | 84 |
| が出てきたの | 79 |
| をしてきました | 76 |
| になってくる。 | 74 |
| となってきている | 72 |
| が出てきている | 71 |
| がやって来た。 | 66 |
| をしてきた。 | 66 |
| されてきたが | 64 |
| にやってきて、 | 61 |
| をかけてきた。 | 61 |
| がかかってきた。 | 59 |
| にやってきたの | 59 |
| に戻ってきた。 | 59 |
| が出てくるので | 56 |
| になってきてい | 56 |
| が戻ってきた。 | 55 |
| をしてきたの | 55 |
| を持ってきて、 | 54 |
| なくなってきた。 | 53 |
| が出てくる。 | 52 |
| としてきた。 | 52 |
| も出てきます。 | 52 |

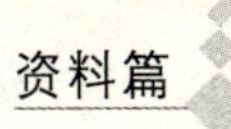

续表

| 「てくる」搭配 | 统计 |
| --- | --- |
| されてきたこと | 51 |
| にやって来た。 | 51 |
| を行ってきた。 | 48 |
| となってきた。 | 47 |
| になってきたと | 45 |
| になってくると、 | 45 |
| てやってきた。 | 44 |
| に出てきた。 | 44 |
| 行われてきた。 | 44 |
| がわかってきた。 | 43 |
| て帰ってきました | 42 |
| にしてきた。 | 42 |
| が出てきたと | 41 |
| が出てくるという | 41 |
| がやってきました | 40 |
| に行って来ました | 40 |
| が返ってきました | 39 |
| になってきており | 39 |
| 運ばれてきた。 | 39 |
| て戻ってきた。 | 38 |
| と言ってきた。 | 38 |
| なくなってきている | 38 |
| を持ってきてくれ | 38 |
| が出てこない。 | 37 |
| と言ってきました | 36 |
| がしてきた。 | 35 |
| が出てくるのは | 35 |
| が近づいてきた。 | 35 |

续表

| 「てくる」搭配 | 统计 |
|---|---|
| が増えてきている | 35 |
| されてこなかった | 35 |
| なくなってきました | 35 |
| にやってきました | 35 |
| に帰ってきた。 | 35 |
| がやって来て、 | 34 |
| が見えてきます。 | 34 |
| は出てこない。 | 34 |
| も出てきた。 | 34 |
| 化してきている | 34 |
| から出てきた。 | 33 |
| させてきた。 | 33 |
| されてきたもの | 33 |
| でやってきた。 | 33 |
| になってきて、 | 33 |
| を行ってきている | 33 |
| を買ってきて、 | 33 |
| を持ってきた。 | 32 |
| を進めてきた。 | 32 |
| が入ってきて、 | 31 |
| も出てきている | 31 |
| が出てきますが | 30 |
| て帰ってきた。 | 30 |
| にやって来たの | 30 |
| を見てきました | 30 |
| 送られてきた。 | 30 |
| 总计 | 74489 |

## (4–3)「でくる」

| 「でくる」搭配 | 统计 |
|---|---|
| 飛ん | 927 |
| 運ん | 639 |
| 浮かん | 604 |
| 飛び込ん | 501 |
| 進ん | 273 |
| 取り組ん | 217 |
| 呼ん | 195 |
| 楽しん | 169 |
| 絡ん | 155 |
| 歩ん | 140 |
| 入り込ん | 129 |
| 乗り込ん | 127 |
| 学ん | 120 |
| 飛びこん | 114 |
| 流れ込ん | 92 |
| 突っ込ん | 88 |
| 遊ん | 83 |
| 頼ん | 79 |
| 駆け込ん | 70 |
| 割り込ん | 66 |
| 読ん | 60 |
| 乗りこん | 53 |
| 嫁い | 53 |
| 舞い込ん | 53 |
| 飲ん | 49 |
| 盗ん | 47 |
| 積ん | 47 |

续表

| 「でくる」搭配 | 统计 |
|---|---|
| 流れこん | 45 |
| 膨らん | 45 |
| 入りこん | 44 |
| ふくらん | 42 |
| 持ち込ん | 41 |
| 泳い | 40 |
| 挑ん | 39 |
| 選ん | 39 |
| 及ん | 38 |
| 苦しん | 36 |
| 踏み込ん | 36 |
| 汲ん | 33 |
| 注い | 32 |
| にじん | 31 |
| 込ん | 31 |
| 受け継い | 30 |
| **总计** | **8348** |

## 三、「おく、みる、しまう」

### (1—1)「おく」

| 「おく」搭配 | 统计 |
|---|---|
| して おき ます。 | 668 |
| して おき ましょう。 | 545 |
| して おい た ほう | 462 |
| して おく 必要 が | 442 |
| して おき たい と | 367 |

续表

| 「おく」搭配 | 统计 |
|---|---|
| しておけば、 | 366 |
| しておきたい。 | 360 |
| しておかなければ | 349 |
| しておくことが | 343 |
| しておくと、 | 280 |
| しておいて、 | 250 |
| しておかないと | 233 |
| しておこう。 | 174 |
| しておきたいの | 141 |
| しておきました | 140 |
| 申し上げておきたいと | 131 |
| しておいた。 | 129 |
| しておかねば | 108 |
| しておく。 | 107 |
| 上に置いた。 | 104 |
| しておいてください | 101 |
| しておくのが | 98 |
| しておくことに | 88 |
| しておくことは | 82 |
| せておいて、 | 80 |
| しておくとよい | 79 |
| やめておいたほう | 77 |
| 間を置いて、 | 76 |
| しておいたの | 74 |
| しておいてくれ | 74 |
| 申し上げておきます。 | 72 |
| しておくこと。 | 71 |
| 放っておいても | 68 |
| しておくことも | 67 |

续表

| 「おく」搭配 | 统计 |
|---|---|
| 伺っておきたいと | 65 |
| しておけばいい | 63 |
| 器を置いた。 | 63 |
| しておかなくて | 61 |
| しておきながら、 | 61 |
| しておくという | 61 |
| 状況に置かれて | 60 |
| しておきますが | 58 |
| しておくといい | 56 |
| 知っておく必要が | 56 |
| しておきたいこと | 54 |
| 覚えておいてください | 54 |
| 手を置いた。 | 53 |
| 貼っておきます。 | 53 |
| 下に置かれて | 52 |
| しておくことで | 50 |
| テーブルに置いた。 | 50 |
| しておきたかった | 49 |
| しておくように | 49 |
| 入れておきます。 | 48 |
| 重点が置かれて | 48 |
| しておいても | 46 |
| 放っておくと、 | 46 |
| 覚えておきましょう。 | 46 |
| 下に置かれた | 46 |
| しておくべきで | 45 |
| 上に置かれた | 45 |
| 前に置かれた | 44 |

续表

| 「おく」搭配 | 统计 |
|---|---|
| 言っておくが、 | 43 |
| しておくことです | 42 |
| 触れておきたい。 | 42 |
| しておくと便利 | 41 |
| しておけばよかっ | 41 |
| 書いておきます。 | 41 |
| しておくのも | 40 |
| 入れておくと、 | 39 |
| 入れておけば、 | 38 |
| 前に置いた。 | 37 |
| 考えておかなければ | 36 |
| しておきます」 | 35 |
| にはおかなかった | 35 |
| 聞いておきたいと | 34 |
| しておきたいん | 32 |
| しておくのは | 32 |
| 上に置いて、 | 32 |
| 知っておいたほう | 32 |
| 知っておかなければ | 32 |
| しておいてほしい | 31 |
| しておくが、 | 31 |
| しておくことを | 31 |
| しておくほうが | 31 |
| 放っておくわけに | 31 |
| 言っておきますが | 31 |
| 上に置いてある | 30 |
| 述べておきたい。 | 30 |
| 状態に置かれて | 30 |

续表

| 「おく」搭配 | 统计 |
|---|---|
| 自分の置かれた | 30 |
| 总计 | 61241 |

## (1—2)「ておく」

| 「ておく」搭配 | 统计 |
|---|---|
| をしておきたいと | 127 |
| にしておきます。 | 96 |
| にしておくと、 | 89 |
| にしておけば、 | 78 |
| にしておきましょう。 | 76 |
| にしておいて、 | 66 |
| にしておくことが | 65 |
| をしておきます。 | 52 |
| にしておく必要が | 48 |
| 確認しておきましょう。 | 48 |
| を申し上げておきたいと | 47 |
| 紹介しておきます。 | 47 |
| にしておかないと | 46 |
| にしておいた。 | 40 |
| にしておかなければ | 38 |
| をしておかなければ | 36 |
| にしておくのが | 35 |
| 紹介しておきましょう。 | 33 |
| をしておけば、 | 32 |
| 指摘しておきたい。 | 32 |
| させておいて、 | 31 |
| にしておいたほう | 31 |

续表

| 「ておく」搭配 | 统计 |
|---|---|
| 指摘しておきたいと | 31 |
| に入れておけば、 | 30 |
| をしておきましょう。 | 30 |
| 要望しておきます。 | 30 |
| 总计 | 34559 |

## (1—3)「でおく」

| 「でおく」搭配 | 统计 |
|---|---|
| 頼ん | 74 |
| 呼ん | 35 |
| つかん | 30 |
| 読ん | 26 |
| つない | 24 |
| 刻ん | 16 |
| 選ん | 14 |
| 学ん | 14 |
| 積ん | 13 |
| 申し込ん | 13 |
| 飲ん | 12 |
| たたん | 11 |
| はさん | 11 |
| 包ん | 10 |
| 总计 | 565 |

## (2—1)「みる」

| 「みる」搭配 | 统计 |
| --- | --- |
| 別にみると、 | 649 |
| してみてください | 598 |
| してみると、 | 406 |
| してみましょう。 | 379 |
| ついてみると、 | 368 |
| のを見て、 | 313 |
| してみました | 309 |
| してみては | 276 |
| してみれば、 | 270 |
| 考えてみると、 | 177 |
| してみた。 | 165 |
| 考えてみましょう。 | 161 |
| 考えてみれば、 | 148 |
| してみません | 145 |
| 顔を見た。 | 145 |
| してみよう。 | 118 |
| してみたいと | 107 |
| 聞いてみると、 | 101 |
| 見てみますと | 93 |
| 聞いてみた。 | 93 |
| てもみなかった | 92 |
| 推移をみると、 | 92 |
| してみたい。 | 88 |
| してみても | 88 |
| のを見た。 | 87 |
| してみて、 | 83 |
| 姿を見て、 | 81 |

续表

| 「みる」搭配 | 统计 |
|---|---|
| それを見て、 | 80 |
| のを見ると、 | 80 |
| 行ってみると、 | 78 |
| してみます。 | 77 |
| 顔を見て、 | 77 |
| 調べてみると、 | 75 |
| 見てみると、 | 74 |
| 試してみてください | 73 |
| たとみられる。 | 72 |
| ものとみられる。 | 71 |
| 見てみましょう。 | 70 |
| 時計を見た。 | 70 |
| 考えてみてください | 67 |
| 調べてみました | 65 |
| 考えてみますと | 60 |
| 夢を見ている | 60 |
| 見てみよう。 | 58 |
| 考えてみよう。 | 58 |
| してみたの | 55 |
| してみますと | 55 |
| 状況をみると、 | 55 |
| テレビを見てい | 54 |
| 言ってみれば、 | 53 |
| してみたが | 52 |
| してみることに | 52 |
| 的に見ても | 51 |
| 考えてみた。 | 51 |
| 考えてみたい。 | 51 |
| してみるのも | 50 |

续表

| 「みる」搭配 | 统计 |
| --- | --- |
| ところを見ると、 | 50 |
| やってみてください | 50 |
| 聞いてみました | 50 |
| 作ってみました | 50 |
| のを見たこと | 49 |
| ところをみると、 | 48 |
| 行ってみた。 | 48 |
| 誰が見ても | 48 |
| 動向をみると、 | 47 |
| してみたら、 | 46 |
| 調べてみましょう。 | 46 |
| 見てみてください | 46 |
| やってみました | 44 |
| 考えてみたいと | 44 |
| 内訳をみると、 | 43 |
| 探してみてください | 43 |
| 的にみても | 42 |
| 見て見ぬふり | 42 |
| とってみても | 41 |
| 訊いてみた。 | 41 |
| 言ってみた。 | 41 |
| みてみよう。 | 40 |
| 読んでみてください | 40 |
| 聞いてみてください | 40 |
| いるとみられる。 | 39 |
| なってみると、 | 38 |
| ほうを見た。 | 38 |
| れてみては | 38 |

续表

| 「みる」搭配 | 统计 |
|---|---|
| 彼を見た。 | 38 |
| 傾向がみられる。 | 38 |
| には見られない | 37 |
| 方を見た。 | 37 |
| 考えてみても | 37 |
| 伸び率をみると、 | 37 |
| 聞いてみては | 37 |
| 様子を見て、 | 37 |
| してみたところ | 36 |
| 読んでみると、 | 36 |
| してみて。 | 35 |
| どこから見ても | 35 |
| のを見てい | 35 |
| のを見ている | 35 |
| 振り返ってみると、 | 35 |
| 。どう見ても | 34 |
| して見ると、 | 34 |
| テレビを見ている | 34 |
| 内訳をみると、 | 34 |
| 図にみられるとおり | 34 |
| 顔を見てい | 34 |
| それを見てい | 33 |
| のを見ました | 33 |
| は、見た目 | 33 |
| れてみれば、 | 33 |
| 行ってみました | 33 |
| 考えてみます。 | 33 |
| 時計を見ると、 | 33 |
| 姿を見ている | 33 |

续表

| 「みる」搭配 | 统计 |
|---|---|
| これまで見てき | 32 |
| 行ってみてください | 32 |
| 顔を見ている | 32 |
| してみたん | 31 |
| してみたらどう | 31 |
| してみたり、 | 31 |
| ついてみてみよう | 31 |
| のを見たの | 31 |
| をじっと見た。 | 31 |
| 考えてみません | 31 |
| 夢を見た。 | 31 |
| 様子を見てい | 31 |
| してみないと | 30 |
| やってみたいと | 30 |
| をじっと見てい | 30 |
| 私を見た。 | 30 |
| 推移をみると、 | 30 |
| 聞いてみましょう。 | 30 |
| 尋ねてみた。 | 30 |
| **总计** | 100000 |

## (2—2)「てみる」

| 「てみる」搭配 | 统计 |
|---|---|
| についてみると、 | 301 |
| にしてみれば、 | 213 |
| を考えてみましょう。 | 75 |
| にしてみてください | 64 |

续表

| 「てみる」搭配 | 统计 |
| --- | --- |
| を見てみますと | 59 |
| を見てみると、 | 57 |
| を見てみましょう。 | 46 |
| 確認してみてください | 46 |
| 検索してみてください | 45 |
| 。考えてみれば、 | 42 |
| にしてみました | 38 |
| を　考えてみれば、 | 36 |
| を見てみよう。 | 34 |
| 比較してみると、 | 34 |
| 相談してみては | 34 |
| こうしてみると、 | 33 |
| て考えてみましょう。 | 33 |
| にしてみましょう。 | 32 |
| されてみては | 31 |
| についてみてみよう | 31 |
| に行ってみると、 | 31 |
| 总计 | 29393 |

## (2—3)「でみる」

| 「でみる」搭配 | 统计 |
| --- | --- |
| 読ん | 65 |
| 楽しん | 15 |
| 喜ん | 14 |
| 飲ん | 14 |
| 頼ん | 11 |
| 遊ん | 10 |
| 总计 | 303 |

## (3—1)「しまう」

| 「しまう」搭配 | 统计 |
|---|---|
| なってしまった。 | 1609 |
| なってしまいました | 1366 |
| なってしまいます。 | 1225 |
| してしまった。 | 1205 |
| してしまいました | 941 |
| なってしまったの | 812 |
| れてしまった。 | 750 |
| してしまったの | 749 |
| してしまいます。 | 643 |
| れてしまいました | 534 |
| なってしまう。 | 456 |
| なってしまうので | 440 |
| れてしまったの | 414 |
| れてしまいます。 | 401 |
| 行ってしまった。 | 347 |
| なってしまっている | 308 |
| してしまう。 | 298 |
| してしまうので | 290 |
| してしまっている | 282 |
| なってしまうのです | 258 |
| してしまうと、 | 254 |
| 思ってしまいます。 | 210 |
| なってしまってい | 188 |
| れてしまう。 | 182 |
| してしまうという | 181 |
| してしまったと | 178 |
| なってしまうのだ | 174 |
| られてしまった。 | 174 |

续表

| 「しまう」搭配 | 统计 |
|---|---|
| なってしまうという | 172 |
| れてしまっている | 172 |
| なってしまったと | 170 |
| してしまうのです | 164 |
| れてしまうので | 142 |
| なってしまって、 | 138 |
| 消えてしまった。 | 138 |
| してしまったこと | 136 |
| してしまってい | 130 |
| 考えてしまいます。 | 129 |
| 忘れてしまいました | 128 |
| してしまって、 | 127 |
| してしまえば、 | 125 |
| なってしまったん | 123 |
| せてしまった。 | 121 |
| してしまうのだ | 118 |
| してしまうことが | 117 |
| 思ってしまいました | 114 |
| なってしまうことが | 102 |
| なってしまったが | 99 |
| なってしまうんです | 98 |
| 行ってしまったの | 98 |
| なくなってしまった。 | 97 |
| なってしまったこと | 95 |
| してしまったよう | 94 |
| してしまうことも | 90 |
| なってしまうのか | 90 |
| なってしまうかも | 89 |
| 死んでしまった。 | 89 |

续表

| 「しまう」搭配 | 统计 |
|---|---|
| してしまうことに | 88 |
| られてしまったの | 88 |
| してしまったん | 87 |
| 行ってしまいました | 87 |
| 忘れてしまった。 | 85 |
| きてしまいました | 84 |
| 忘れてしまったの | 84 |
| なってしまうことも | 83 |
| なってしまったよう | 83 |
| なってしまうのでしょう | 81 |
| れてしまうという | 81 |
| きてしまった。 | 80 |
| られてしまいました | 79 |
| 失ってしまった。 | 79 |
| 消えてしまったの | 77 |
| 終わってしまった。 | 77 |
| なってしまうと、 | 76 |
| れてしまうと、 | 76 |
| れてしまうのです | 76 |
| れてしまってい | 76 |
| いってしまいました | 75 |
| してしまうような | 75 |
| れてしまったと | 75 |
| なくなってしまいました | 73 |
| 出てしまいます。 | 73 |
| 買ってしまいました | 72 |
| してしまったら、 | 71 |
| れてしまうかも | 71 |
| してしまうのは | 70 |

续表

| 「しまう」搭配 | 统计 |
|---|---|
| せてしまったの | 70 |
| してしまった場合 | 69 |
| してしまうかも | 67 |
| れてしまって、 | 67 |
| 死んでしまったの | 67 |
| れてしまうのだ | 66 |
| してしまうんです | 65 |
| なってしまった」 | 65 |
| なってしまったから | 65 |
| 笑ってしまった。 | 65 |
| 出してしまった。 | 64 |
| れてしまったこと | 63 |
| れてしまったよう | 63 |
| 終わってしまいました | 63 |
| きてしまったの | 62 |
| なってしまいますが | 62 |
| きてしまいます。 | 60 |
| なくなってしまいます。 | 60 |
| 言ってしまえば、 | 60 |
| 忘れてしまっている | 59 |
| してしまったが | 58 |
| 変わってしまった。 | 58 |
| 笑ってしまいました | 58 |
| なってしまうのは | 57 |
| 寝てしまいました | 57 |
| 感じてしまいます。 | 56 |
| なくなってしまったの | 55 |
| なってしまいますよ | 55 |
| なってしまった、 | 55 |

续表

| 「しまう」搭配 | 统计 |
|---|---|
| 出てしまいました | 55 |
| いってしまいます。 | 54 |
| してしまった、 | 54 |
| してしまったとき | 54 |
| られてしまいます。 | 54 |
| れてしまうことに | 54 |
| れてしまったん | 54 |
| 入ってしまった。 | 53 |
| 言ってしまった。 | 53 |
| ついてしまった。 | 52 |
| なってしまうだろう。 | 52 |
| 出てしまった。 | 52 |
| 消えてしまいました | 52 |
| いってしまったの | 51 |
| 変わってしまったの | 50 |
| せてしまいます。 | 49 |
| なってしまうのだろう | 49 |
| 帰ってしまった。 | 49 |
| 死んでしまいます。 | 49 |
| してしまうのが | 48 |
| せてしまいました | 47 |
| してしまう可能性 | 46 |
| してしまったから | 46 |
| 見てしまいました | 46 |
| してしまうのか | 45 |
| やめてしまった。 | 45 |
| 食べてしまいました | 45 |
| 忘れてしまってい | 45 |
| してしまったため | 44 |

续表

| 「しまう」搭配 | 统计 |
|---|---|
| して しまって は | 44 |
| なって しまう 。 それ | 44 |
| 来 て しまっ た 。 | 44 |
| 眠っ て しまっ た 。 | 44 |
| 切っ て しまっ た 。 | 44 |
| 思っ て しまう の です | 44 |
| 消え て しまい ます 。 | 44 |
| なっ て しまう 可能 性 | 43 |
| れ て しまう 可能 性 | 43 |
| 失っ て しまっ た の | 43 |
| て しまい まし た | 42 |
| なっ て しまい ます から | 42 |
| なっ て しまう ん だ | 42 |
| 出し て しまい まし た | 42 |
| 言っ て しまい まし た | 42 |
| れ て しまえ ば 、 | 41 |
| し て しまう 。 それ | 40 |
| なっ て しまっ たら 、 | 40 |
| 入っ て しまい まし た | 40 |
| かかっ て しまい ます 。 | 39 |
| し て しまっ た 」 | 39 |
| なっ て しまう 。 その | 39 |
| なっ て しまう から です | 39 |
| れ て しまう こと が | 39 |
| 見え て しまい ます 。 | 39 |
| 黙っ て しまっ た 。 | 39 |
| なっ て しまっ た か | 38 |
| 見 て しまっ た 。 | 38 |
| 寝 て しまっ た 。 | 38 |

续表

| 「しまう」搭配 | 统计 |
| --- | --- |
| できてしまいます。 | 37 |
| なってしまう。これ | 37 |
| なってしまったわけ | 37 |
| られてしまう。 | 37 |
| 困ってしまいます。 | 37 |
| 思ってしまった。 | 37 |
| 死んでしまいました | 37 |
| 消してしまった。 | 37 |
| してしまったもの | 36 |
| なってしまいますの | 36 |
| なってしまうような | 36 |
| なってしまいそうな | 35 |
| なってしまうが、 | 35 |
| 出てしまったの | 35 |
| 来てしまったの | 35 |
| 泣いてしまいました | 35 |
| 思ってしまったの | 35 |
| 終わってしまいます。 | 35 |
| なってしまう」 | 34 |
| なってしまうわけです | 34 |
| れてしまったから | 34 |
| 見てしまったの | 34 |
| かかってしまいました | 33 |
| してしまい、その | 33 |
| なってしまったもの | 33 |
| なってしまって。 | 33 |
| 買ってしまった。 | 33 |
| 言ってしまえばそれ | 33 |
| なってしまうからだ | 32 |

续表

| 「しまう」搭配 | 统计 |
|---|---|
| れてしまうのでしょう | 32 |
| 感じてしまう。 | 32 |
| 考えてしまいました | 32 |
| 思ってしまう。 | 32 |
| してしまうことは | 31 |
| してしまうだろう。 | 31 |
| してしまえばいい | 31 |
| なってしまう。そう | 31 |
| なってしまうのが | 31 |
| れてしまうだろう。 | 31 |
| れてしまうのは | 31 |
| れてしまったら、 | 31 |
| 変えてしまった。 | 31 |
| 行ってしまいます。 | 31 |
| 来てしまいました | 31 |
| 終わってしまったの | 31 |
| いってしまう。 | 30 |
| してしまいがちです | 30 |
| してしまいますが | 30 |
| してしまったわけ | 30 |
| なってしまうでしょう。 | 30 |
| れてしまうような | 30 |
| 驚いてしまった。 | 30 |
| 戻ってしまった。 | 30 |
| 忘れてしまったが | 30 |
| 言ってしまったの | 30 |
| 总计 | 98179 |

## (3—2)「てしまう」

| 「てしまう」搭配 | 统计 |
|---|---|
| になってしまった。 | 1000 |
| になってしまいました | 807 |
| になってしまいます。 | 786 |
| になってしまったの | 492 |
| なくなってしまった。 | 294 |
| になってしまう。 | 292 |
| になってしまうので | 281 |
| なくなってしまいました | 273 |
| されてしまった。 | 223 |
| になってしまっている | 217 |
| されてしまいます。 | 179 |
| となってしまった。 | 168 |
| なくなってしまいます。 | 159 |
| になってしまうのです | 159 |
| て行ってしまった。 | 154 |
| されてしまったの | 133 |
| と思ってしまいます。 | 133 |
| されてしまいました | 131 |
| になってしまってい | 128 |
| なくなってしまったの | 121 |
| になってしまったと | 117 |
| になってしまうという | 114 |
| 言われてしまいました | 111 |
| にしてしまった。 | 100 |
| になってしまって、 | 98 |
| になってしまうのだ | 96 |
| をしてしまいました | 94 |

续表

| 「てしまう」搭配 | 统计 |
|---|---|
| となってしまいました | 93 |
| にしてしまったの | 88 |
| になってしまったん | 86 |
| をしてしまったの | 85 |
| をしてしまった。 | 82 |
| されてしまっている | 74 |
| させてしまった。 | 70 |
| となってしまったの | 69 |
| となってしまいます。 | 68 |
| になってしまったが | 68 |
| されてしまうので | 67 |
| てきてしまいました | 66 |
| なくなってしまう。 | 66 |
| になってしまったこと | 66 |
| になってしまうんです | 64 |
| になってしまうことが | 63 |
| なくなってしまうので | 62 |
| てきてしまった。 | 60 |
| を失ってしまった。 | 59 |
| になってしまうかも | 57 |
| になってしまったよう | 57 |
| と思ってしまいました | 55 |
| になってしまうことも | 55 |
| になってしまうのか | 54 |
| てきてしまいます。 | 51 |
| てきてしまったの | 49 |
| にしてしまいました | 49 |
| になってしまうのでしょう | 48 |
| になってしまいますが | 47 |

续表

| 「てしまう」搭配 | 统计 |
|---|---|
| されてしまう。 | 44 |
| になってしまった」 | 44 |
| になってしまうと、 | 43 |
| になってしまったから | 43 |
| が出てしまいます。 | 41 |
| なくなってしまうのだ | 40 |
| にしてしまいます。 | 39 |
| へ行ってしまった。 | 39 |
| を失ってしまったの | 39 |
| なくなってしまうのです | 38 |
| されてしまうのです | 37 |
| になってしまいますよ | 37 |
| になってしまうのは | 37 |
| に行ってしまった。 | 37 |
| を忘れてしまいました | 37 |
| を切ってしまった。 | 36 |
| を消してしまった。 | 36 |
| がなくなってしまった。 | 35 |
| させてしまったの | 35 |
| となってしまう。 | 35 |
| へ行ってしまったの | 35 |
| なくなってしまうという | 34 |
| にしてしまうので | 34 |
| になってしまった、 | 34 |
| に入ってしまった。 | 34 |
| ていってしまいます。 | 33 |
| になってしまうだろう。 | 33 |
| されてしまうという | 32 |

续表

| 「てしまう」搭配 | 统计 |
|---|---|
| としてしまった。 | 32 |
| をしてしまいます。 | 31 |
| を忘れてしまったの | 31 |
| ていってしまいました | 30 |
| ていってしまったの | 30 |
| と思ってしまうのです | 30 |
| になってしまう。その | 30 |
| **总计** | **91205** |

## (3—3)「でしまう」

| 「でしまう」搭配 | 统计 |
|---|---|
| 死ん | 69 |
| 飲ん | 30 |
| 読ん | 17 |
| 沈ん | 17 |
| 飛ん | 15 |
| 落ち込ん | 11 |
| 寝込ん | 11 |
| 踏ん | 11 |
| 吹き飛ん | 10 |
| **总计** | **633** |

# 四、「あげる、やる、くれる、くださる、もらう、いただく」

## (1—1)「あげる」

| 「あげる」搭配 | 统计 |
|---|---|
| 声 を あげ た 。 | 651 |
| 顔 を あげ た 。 | 392 |
| こと が あげ られる 。 | 173 |
| し て あげ て ください | 169 |
| など が あげ られる 。 | 140 |
| 腰 を あげ た 。 | 119 |
| 悲鳴 を あげ た 。 | 106 |
| 顔 を 上げる と 、 | 101 |
| 顔 を あげ て 、 | 88 |
| 効果 を あげ て いる | 83 |
| 成果 を あげ て いる | 79 |
| し て あげ ましょう 。 | 75 |
| 悲鳴 を 上げ た 。 | 68 |
| 笑い声 を あげ た 。 | 63 |
| 例 を あげれ ば 、 | 62 |
| など が あげ られ ます | 50 |
| 大声 を あげ た 。 | 50 |
| し て あげ て 下さい | 45 |
| 声 を あげ て 笑っ | 43 |
| 声 を あげる 。 | 43 |
| 眉 を 上げ た 。 | 39 |
| 声 を あげ て 、 | 39 |
| こと が あげ られ ます | 38 |
| し て 挙げ られ て | 38 |

续表

| 「あげる」搭配 | 统计 |
| --- | --- |
| 例を挙げると、 | 38 |
| 顔をあげると、 | 38 |
| 歓声をあげた。 | 36 |
| してあげたいと | 35 |
| せてあげてください | 33 |
| 目を上げた。 | 33 |
| してあげている | 31 |
| 总计 | 38103 |

## (1—2)「てあげる」

| 「てあげる」搭配 | 统计 |
| --- | --- |
| としてあげられて | 65 |
| としてあげている | 51 |
| としてあげられる。 | 43 |
| にしてあげてください | 42 |
| としてあげられるの | 31 |
| として挙げられた | 20 |
| させてあげてください | 18 |
| にしてあげましょう。 | 18 |
| もしてあげられない | 15 |
| をしてあげてください | 13 |
| 応援してあげてください | 13 |
| させてあげたいと | 11 |
| にしてあげて下さい | 11 |
| をかけてあげてください | 11 |
| としてあげられます | 10 |
| をしてあげましょう。 | 10 |

续表

| 「てあげる」搭配 | 统计 |
|---|---|
| をつけてあげてください | 10 |
| 总计 | 8754 |

## (1—3)「であげる」

| 「であげる」搭配 | 统计 |
|---|---|
| 遊ん | 53 |
| 読ん | 50 |
| 呼ん | 18 |
| 選ん | 18 |
| 包ん | 13 |
| 頼ん | 13 |
| 喜ん | 10 |
| 总计 | 296 |

## (2—1)「やる」

| 「やる」搭配 | 统计 |
|---|---|
| 目をやった。 | 321 |
| ことをやっている | 179 |
| 目をやると、 | 128 |
| 何をやっても | 118 |
| ことをやってい | 97 |
| 何をやっている | 94 |
| してやってき | 89 |
| 自分のやりたいこと | 88 |
| してやっている | 72 |
| してやった。 | 71 |

续表

| 「やる」搭配 | 统计 |
|---|---|
| 。そうやって、 | 63 |
| してやってください | 60 |
| ようなやり方で | 56 |
| 日本にやってき | 56 |
| 眼をやった。 | 55 |
| 一生懸命やっている | 55 |
| 言ってやった。 | 51 |
| してやらなければ | 50 |
| 何度やっても | 48 |
| というやり方で | 47 |
| してやるという | 44 |
| たちがやってき | 44 |
| 手をやった。 | 44 |
| 自分のやっている | 44 |
| さんがやってき | 43 |
| してやってくれ | 42 |
| というやり方を | 40 |
| ところにやってき | 39 |
| 日がやってき | 39 |
| してやったの | 38 |
| ためにやっている | 38 |
| してやっても | 36 |
| でもやってい | 36 |
| してやっていく | 35 |
| してやられた | 35 |
| してやりたいと | 35 |
| してやろうと思っ | 35 |
| してやりました | 34 |

续表

| 「やる」搭配 | 统计 |
|---|---|
| 人がやってき | 34 |
| 時代がやってき | 34 |
| 、どうやって、 | 33 |
| ことをやってき | 32 |
| してやってい | 32 |
| でもやっている | 32 |
| 　そうやって、 | 31 |
| してやらないと | 31 |
| してやろうという | 31 |
| というやり方は | 31 |
| してやる」 | 30 |
| してやれば、 | 30 |
| 家にやってき | 30 |
| **总计** | **90348** |

## (2—2)「てやる」

| 「てやる」搭配 | 统计 |
|---|---|
| としてやってき | 45 |
| としてやっている | 24 |
| クリックしてやってください | 22 |
| にしてやられた | 21 |
| を持ってやってき | 20 |
| に乗ってやってき | 19 |
| をしてやった。 | 17 |
| にしてやりたいと | 14 |
| と思ってやっている | 13 |
| させてやりたいと | 12 |

续表

| 「てやる」搭配 | 统计 |
| --- | --- |
| と 言って やり ました | 12 |
| として やって いく | 11 |
| は 言って やった。 | 11 |
| を 持って やって 来 | 11 |
| として やって 来 | 10 |
| と 思って やって き | 10 |
| にして やって も | 10 |
| を 持って やって いる | 10 |
| 説明 して やった。 | 10 |
| **总计** | **14701** |

## (2—3)「でやる」

| 「でやる」搭配 | 统计 |
| --- | --- |
| 遊ん | 34 |
| 読ん | 32 |
| 楽しん | 32 |
| 死ん | 29 |
| 運ん | 23 |
| 喜ん | 21 |
| 選ん | 21 |
| 呼ん | 20 |
| 注い | 20 |
| 組ん | 19 |
| 頼ん | 13 |
| 進ん | 10 |
| **总计** | **629** |

## (3—1)「くれる」

| 「くれる」搭配 | 统计 |
|---|---|
| してくれた。 | 1001 |
| してくれました | 520 |
| してくれます。 | 501 |
| してくれたの | 439 |
| 教えてくれた。 | 377 |
| してくれている | 346 |
| してくれてい | 255 |
| してくれません | 217 |
| してくれるので | 158 |
| してくれないか | 148 |
| 教えてくれたの | 146 |
| 教えてくれました | 139 |
| せてくれた。 | 137 |
| 話してくれました | 137 |
| きてくれました | 134 |
| 言ってくれた。 | 132 |
| 話してくれた。 | 131 |
| 来てくれました | 131 |
| してくれて、 | 126 |
| 言ってくれました | 126 |
| きてくれた。 | 120 |
| してくれ」 | 115 |
| 来てくれたの | 112 |
| 言ってくれたの | 109 |
| してくれるように | 108 |
| 教えてくれません | 108 |
| 見せてくれた。 | 107 |

续表

| 「くれる」搭配 | 统计 |
|---|---|
| してくれなかった | 105 |
| してくれたこと | 103 |
| せてくれます。 | 103 |
| してくれますよ | 101 |
| してくれるという | 101 |
| してくれたん | 98 |
| いてくれればと | 97 |
| きてくれたの | 97 |
| してくれる。 | 96 |
| 来てくれた。 | 96 |
| してくれた人 | 93 |
| 教えてくれます。 | 92 |
| 語ってくれた。 | 92 |
| せてくれました | 87 |
| してくれないの | 86 |
| してくれるのです | 85 |
| 教えてくれなかった | 84 |
| してくれる人が | 79 |
| してくれない。 | 77 |
| てはくれなかった | 72 |
| 見せてくれました | 71 |
| してくれ」と | 70 |
| してくれないと | 70 |
| いってくれた。 | 69 |
| してくれという | 69 |
| してくれると思い | 69 |
| してくれるのは | 68 |
| してくれるのか | 65 |
| せてくれたの | 63 |

续表

| 「くれる」搭配 | 统计 |
|---|---|
| てはくれません | 62 |
| 来てくれ」 | 61 |
| てはくれない。 | 60 |
| してくれることに | 58 |
| やってくれました | 57 |
| してくれたと | 55 |
| してくれるかも | 53 |
| してくれるんです | 53 |
| してくれれば、 | 53 |
| してくれるのが | 52 |
| してくれるのでしょう | 52 |
| してくれたが | 51 |
| 答えてくれた。 | 50 |
| してくれますか | 49 |
| してくれるような | 49 |
| 迎えてくれた。 | 49 |
| 作ってくれた。 | 49 |
| やってくれ」 | 48 |
| 与えてくれた。 | 48 |
| してくれよ」 | 47 |
| 出してくれた。 | 47 |
| 見せてくれます。 | 47 |
| 送ってくれた。 | 47 |
| 作ってくれました | 47 |
| いてくれたの | 46 |
| 来てくれて、 | 46 |
| せてくれ」 | 45 |
| 来てくれてい | 45 |
| してくれるのだ | 44 |

续表

| 「くれる」搭配 | 统计 |
| --- | --- |
| せてくれないか | 44 |
| してくれたもの | 43 |
| 喜んでくれました | 43 |
| 与えてくれます。 | 43 |
| してくれても | 42 |
| せてくれません | 42 |
| 来てくれたん | 42 |
| 来てくれないか | 42 |
| 言ってくれます。 | 42 |
| きてくれたん | 41 |
| してくれるんだ | 41 |
| してくれればいい | 41 |
| 教えてくれないか | 41 |
| 語ってくれました | 41 |
| してくれたよう | 40 |
| してくれたら、 | 40 |
| してくれたり、 | 40 |
| してくれることを | 40 |
| 言ってくれてい | 40 |
| いてくれ」 | 39 |
| おいてくれ」 | 38 |
| してくれるはずです | 38 |
| 教えてくれる。 | 38 |
| 目もくれず、 | 38 |
| かけてくれた。 | 37 |
| きてくれて、 | 37 |
| してくれないん | 37 |
| せてくれる。 | 37 |

续表

| 「くれる」搭配 | 统计 |
|---|---|
| 話してくれたこと | 37 |
| いてくれた。 | 36 |
| いってくれました | 36 |
| してくれ、と | 36 |
| やってくれないか | 36 |
| 教えてくれますよ | 36 |
| いてくれたら、 | 35 |
| してくれた方 | 35 |
| してくれるし、 | 35 |
| してくれたら嬉しい | 34 |
| 教えてくれたん | 34 |
| いってくれたの | 33 |
| してくれたから | 33 |
| 渡してくれた。 | 33 |
| 喜んでくれた。 | 33 |
| 言ってくれなかった | 33 |
| してくれと言っ | 32 |
| してくれるでしょう。 | 32 |
| してくれると嬉しい | 32 |
| ないでくれ」 | 32 |
| やってくれます。 | 32 |
| 話してくれ」 | 32 |
| 見せてくれたの | 32 |
| 与えてくれたの | 32 |
| してくれてありがとう | 31 |
| してくれなくて | 31 |
| 教えてくれている | 31 |
| してくれた、 | 30 |

续表

| 「くれる」搭配 | 统计 |
| --- | --- |
| してくれる人は | 30 |
| 教えてくれたこと | 30 |
| 总计 | 66113 |

## (3—2)「てくれる」

| 「てくれる」搭配 | 统计 |
| --- | --- |
| をしてくれた。 | 178 |
| を教えてくれた。 | 118 |
| てきてくれました | 110 |
| 説明してくれた。 | 91 |
| ていてくれればと | 90 |
| てきてくれた。 | 87 |
| をしてくれました | 84 |
| と教えてくれた。 | 76 |
| と言ってくれた。 | 76 |
| と言ってくれました | 71 |
| を見せてくれた。 | 70 |
| てきてくれたの | 69 |
| 案内してくれた。 | 68 |
| に来てくれました | 64 |
| をしてくれたの | 58 |
| と言ってくれたの | 56 |
| が教えてくれた。 | 55 |
| をしてくれます。 | 49 |
| をしてくれている | 48 |
| を見せてくれました | 47 |
| と話してくれました | 46 |

续表

| 「てくれる」搭配 | 统计 |
|---|---|
| を教えてくれたの | 46 |
| させてくれます。 | 45 |
| にしてくれた。 | 44 |
| に来てくれたの | 44 |
| をしてくれてい | 44 |
| にしてくれます。 | 43 |
| を与えてくれます。 | 42 |
| 紹介してくれた。 | 42 |
| を作ってくれた。 | 40 |
| に来てくれた。 | 39 |
| を与えてくれた。 | 38 |
| ていてくれたの | 36 |
| ておいてくれ」 | 35 |
| に教えてくれた。 | 33 |
| をかけてくれた。 | 32 |
| を話してくれた。 | 32 |
| にしてくれたの | 31 |
| を教えてくれます。 | 31 |
| と教えてくれました | 30 |
| を出してくれた。 | 30 |
| 总计 | 59058 |

## (3—3)「でくれる」

| 「でくれる」搭配 | 统计 |
|---|---|
| 喜ん | 369 |
| 呼ん | 180 |
| 読ん | 170 |

续表

| 「でくれる」搭配 | 统计 |
| --- | --- |
| 運ん | 143 |
| 遊ん | 98 |
| 選ん | 70 |
| 飲ん | 57 |
| 防い | 56 |
| 注い | 52 |
| 包ん | 46 |
| 楽しん | 37 |
| 死ん | 36 |
| 産ん | 35 |
| 頼ん | 32 |
| つない | 28 |
| 生ん | 26 |
| よろこん | 21 |
| 飛ん | 21 |
| 継い | 19 |
| つい | 17 |
| 進ん | 15 |
| 振り込ん | 15 |
| 取り組ん | 14 |
| 結ん | 13 |
| 包み込ん | 12 |
| 微笑ん | 12 |
| よん | 11 |
| 急い | 10 |
| 稼い | 10 |
| 踏ん | 10 |
| 育ん | 10 |

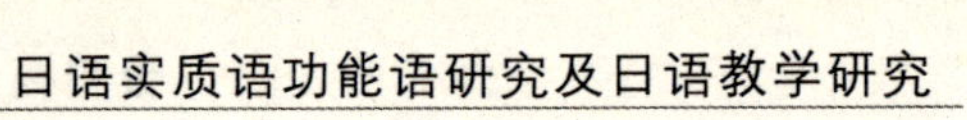


续表

| 「でくれる」搭配 | 统计 |
|---|---|
| 組ん | 10 |
| **总计** | **2112** |

## (4—1)「くださる」

| 「くださる」搭配 | 统计 |
|---|---|
| してください。 | 3698 |
| 教えてください。 | 2371 |
| 見て下さい。 | 1046 |
| 頑張ってください。 | 266 |
| してくださいね。 | 245 |
| お問い合わせください。 | 236 |
| 頑張ってくださいね。 | 170 |
| あげてください。 | 165 |
| お許し下さい。今後 | 136 |
| 教えて下さい。宜しく | 130 |
| して下さいね。 | 120 |
| ないでくださいね。 | 111 |
| みてくださいね。 | 98 |
| 教えて下さい。よろしく | 97 |
| あげてくださいね。 | 83 |
| してください。なお | 83 |
| ご注意ください。 | 82 |
| してくださいました | 81 |
| からご覧ください。 | 80 |
| をご覧ください。 | 79 |
| ないでください。 | 76 |
| ご利用ください。 | 68 |

续表

| 「くださる」搭配 | 统计 |
|---|---|
| ない で ください 」 | 68 |
| せ て ください 」 | 59 |
| せ て ください 」と | 56 |
| 聞か せ ください 。 | 56 |
| おい て ください 。 | 50 |
| つけ て ください ね 。 | 50 |
| 教え て ください 。 それ | 49 |
| 教え て ください 。 その | 48 |
| 教え て 下さい 。 ちなみ | 48 |
| み て ください 。 それ | 44 |
| 答え て ください 。 | 44 |
| を ご覧 ください 。 問 | 43 |
| 教え て ください 。 今 | 43 |
| し て ください 。 お | 42 |
| 教え て 下さい 。 また | 41 |
| し て ください 。 これ | 40 |
| し て ください よ 。 | 40 |
| し て くださっ た 。 | 40 |
| し て くださっ た の | 40 |
| し て くださっ た 方々 | 40 |
| ない で ください 」と | 40 |
| お 答え ください 。 | 37 |
| つけ て ください 。 | 36 |
| し て ください 。 問い合わせ | 35 |
| し て ください と いう | 35 |
| し て ください 。 この | 34 |
| し て くださっ て いる | 34 |
| せ て ください 。 | 34 |
| 教え て ください 。 あと | 34 |

续表

| 「くださる」搭配 | 统计 |
| --- | --- |
| 教えてください」と | 34 |
| あげて下さいね。 | 33 |
| いてください」 | 33 |
| してください。私 | 33 |
| せてください！ | 33 |
| 教えてくださいませ。 | 33 |
| お越しください。 | 32 |
| してください。申込 | 32 |
| してくださいね！ | 32 |
| してくださった方 | 32 |
| みてください。その | 32 |
| 教えてください。あなた | 32 |
| 教えてくださいません | 32 |
| ください。今 | 31 |
| ご相談ください。 | 31 |
| 教えてください。この | 31 |
| せて下さい」 | 30 |
| ないで下さい」と | 30 |
| 教えてください。うち | 30 |
| 来てください」と | 30 |
| 总计 | 72328 |

## (4—2)「てくださる」

| 「てくださる」搭配 | 统计 |
| --- | --- |
| てみてください。 | 791 |
| を教えてください。 | 334 |
| にしてください。 | 288 |

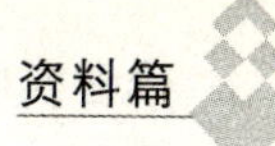

续表

| 「てくださる」搭配 | 统计 |
|---|---|
| て あげ て ください 。 | 129 |
| 確認 し て ください 。 | 84 |
| 。 頑張っ て ください 。 | 83 |
| て あげ て ください ね 。 | 77 |
| て み て ください ね 。 | 77 |
| たら 教え て ください 。 お | 76 |
| 注意 し て ください 。 | 64 |
| を し て ください 。 | 57 |
| に し て ください ね 。 | 51 |
| を つけ て ください ね 。 | 48 |
| て おい て ください 。 | 47 |
| 。 がんばっ て ください 。 | 45 |
| て み て ください 。 それ | 42 |
| クリック し て 下さい ね 。 | 37 |
| を つけ て ください 。 | 34 |
| 参照 し て ください 。 | 34 |
| て あげ て 下さい ね 。 | 33 |
| を 見 て ください 。 | 33 |
| 注意 し て ください 。 | 33 |
| たら 教え て ください 。 よろしく | 32 |
| 参照 し て ください 。 | 31 |
| 応援 し て くださっ た 方々 | 31 |
| させ て ください ！ | 30 |
| 总计 | 53515 |

## (4—3)「でくださる」

| 「でくださる」搭配 | 统计 |
|---|---|
| 読ん | 218 |

续表

| 「でくださる」搭配 | 统计 |
| --- | --- |
| 選ん | 185 |
| 申し込ん | 175 |
| 楽しん | 143 |
| 呼ん | 87 |
| 飲ん | 52 |
| 喜ん | 39 |
| 休ん | 35 |
| 振り込ん | 33 |
| 進ん | 28 |
| 運ん | 28 |
| 踏ん | 22 |
| 遊ん | 19 |
| 産ん | 17 |
| 急い | 17 |
| 書き込ん | 16 |
| つかん | 12 |
| 取り組ん | 12 |
| 死ん | 12 |
| 頼ん | 11 |
| 叫ん | 10 |
| **总计** | **1451** |

### (5—1)「もらう」

| 「もらう」搭配 | 统计 |
| --- | --- |
| してもらいました | 288 |
| してもらいたい。 | 251 |
| してもらいたいと | 230 |

续表

| 「もらう」搭配 | 统计 |
| --- | --- |
| してもらった。 | 179 |
| せてもらいました | 179 |
| してもらって、 | 152 |
| してもらっている | 136 |
| してもらってい | 117 |
| せてもらった。 | 117 |
| してもらうことに | 115 |
| してもらうことが | 101 |
| 教えてもらいました | 97 |
| してもらうという | 94 |
| してもらうために | 91 |
| してもらいます。 | 89 |
| してもらったの | 83 |
| してもらいましょう。 | 81 |
| してもらえません | 77 |
| してもらったほう | 74 |
| してもらわないと | 72 |
| せてもらっている | 71 |
| してもらいたいの | 67 |
| せてもらってい | 64 |
| してもらうように | 61 |
| してもらっても | 60 |
| せてもらいます。 | 60 |
| してもらわなければ | 56 |
| してもらえます。 | 55 |
| 教えてもらえません | 54 |
| してもらうのが | 53 |
| せてもらって、 | 48 |

续表

| 「もらう」搭配 | 统计 |
|---|---|
| せてもらうことに | 46 |
| 教えてもらった。 | 46 |
| してもらうことを | 44 |
| してもらえるように | 42 |
| してもらったこと | 42 |
| 見せてもらいました | 42 |
| してもらうことも | 39 |
| してもらえないか | 39 |
| してもらってください | 39 |
| やってもらいたいと | 38 |
| してもらう必要が | 37 |
| せてもらってます | 36 |
| してもらえるのでしょう | 35 |
| せてもらったの | 34 |
| 見せてもらった。 | 34 |
| してもらうことは | 33 |
| せてもらえば、 | 33 |
| してもらうことで | 32 |
| せてもらいたいと | 32 |
| してもらったり、 | 31 |
| 教えてもらったの | 31 |
| してもらいたいです | 30 |
| してもらいたいもの | 30 |
| してもらいたかった | 30 |
| してもらうには | 30 |
| してもらえなかった | 30 |
| してもらったん | 30 |
| せてもらえなかった | 30 |

续表

| 「もらう」搭配 | 统计 |
|---|---|
| せてもらったこと | 30 |
| 总计 | 41908 |

## (5—2)「てもらう」

| 「てもらう」搭配 | 统计 |
|---|---|
| させてもらいました | 79 |
| させてもらった。 | 64 |
| をしてもらいたいと | 59 |
| をしてもらいました | 42 |
| を教えてもらいました | 41 |
| させてもらっている | 40 |
| にしてもらいました | 38 |
| させてもらいます。 | 34 |
| させてもらってい | 31 |
| をしてもらった。 | 30 |
| をしてもらっている | 30 |
| にしてもらいたいと | 28 |
| にしてもらいたい。 | 27 |
| をしてもらいたい。 | 27 |
| を教えてもらった。 | 26 |
| になってもらいたいと | 24 |
| をしてもらうことに | 24 |
| 言わせてもらえば、 | 24 |
| させてもらってます | 23 |
| を見せてもらった。 | 22 |
| をしてもらってい | 19 |
| させてもらって、 | 18 |

续表

| 「てもらう」搭配 | 统计 |
| --- | --- |
| をしてもらうことが | 18 |
| をしてもらうという | 18 |
| をしてもらって、 | 18 |
| させてもらいたいと | 17 |
| にしてもらった。 | 17 |
| 理解してもらうために | 17 |
| ておいてもらいたい。 | 16 |
| をしてもらいたい、 | 16 |
| を見せてもらいました | 16 |
| 理解してもらうことが | 16 |
| させてもらうことに | 15 |
| て行ってもらいました | 15 |
| て行ってもらった。 | 15 |
| を知ってもらいたいと | 15 |
| 言わせてもらうと、 | 15 |
| 总计 | 29708 |

## (5—3)「でもらう」

| 「でもらう」搭配 | 统计 |
| --- | --- |
| 読ん | 181 |
| 喜ん | 177 |
| 楽しん | 104 |
| 選ん | 96 |
| 遊ん | 69 |
| 運ん | 67 |
| 呼ん | 66 |
| 振り込ん | 36 |

续表

| 「でもらう」搭配 | 统计 |
| --- | --- |
| 死ん | 32 |
| 飲ん | 32 |
| 親しん | 29 |
| 学ん | 27 |
| 取り組ん | 23 |
| 注い | 23 |
| 組ん | 21 |
| 休ん | 19 |
| 臨ん | 14 |
| 産ん | 12 |
| 包ん | 11 |
| 継い | 11 |
| 結ん | 11 |
| 踏ん | 11 |
| 住ん | 11 |
| つない | 10 |
| **总计** | **1325** |

## (6—1)「いただく」

| 「いただく」搭配 | 统计 |
| --- | --- |
| せ て いただき ます。 | 1072 |
| せ て いただき まし た | 638 |
| せ て いただき たい と | 549 |
| し て いただき たい と | 541 |
| し て いただき たい。 | 364 |
| せ て 頂き まし た | 206 |
| 教え て いただけ ませ ん | 180 |

续表

| 「いただく」搭配 | 统计 |
|---|---|
| し て いただき まし た | 159 |
| せ て いただい て おり | 148 |
| 聞か せ いただき たい と | 146 |
| させ て いただき ます 。 | 138 |
| せ て いただい て いる | 129 |
| し て いただい て 、 | 127 |
| し て いただく と いう | 126 |
| し て いただき ます 。 | 123 |
| お 答え いただき たい と | 113 |
| させ て いただき たい と | 112 |
| 教え て いただけ ない でしょ う | 104 |
| 教え て いただけ ます か | 104 |
| せ て いただい て 、 | 92 |
| し て いただき たい の | 82 |
| 答え を いただき たい と | 78 |
| し て いただい て いる | 76 |
| せ て いただき まし て | 76 |
| せ て いただき ます が | 73 |
| 教え て いただき たい と | 72 |
| せ て いただい た わけ | 71 |
| やっ て いただき たい と | 71 |
| せ て いただい て い | 69 |
| 理解 を いただき たい と | 69 |
| 教え て いただき たい です | 68 |
| せ て いただい た 。 | 67 |
| 御 理解 いただき たい と | 65 |
| させ て いただき まし た | 61 |
| 教え て いただき たい の | 57 |
| し て いただく こと に | 56 |

续表

| 「いただく」搭配 | 统计 |
| --- | --- |
| せていただきますと | 54 |
| せていただくことに | 52 |
| していただいており | 51 |
| していただけますか | 51 |
| 教えていただきました | 51 |
| せていただきますの | 50 |
| していただければ幸い | 49 |
| せていただきたいの | 49 |
| していただきまして | 48 |
| していただけません | 48 |
| 答弁をいただきたいと | 47 |
| 教えて頂けません | 47 |
| していただくように | 45 |
| して頂きました | 42 |
| 考えていただきたい。 | 42 |
| さしていただきたいと | 39 |
| していただかなければ | 39 |
| していただけると嬉しい | 39 |
| 見ていただきますと | 39 |
| 教えて頂けないでしょう | 38 |
| していただくことが | 37 |
| 見ていただきたい。 | 37 |
| ご利用いただけます。 | 36 |
| していただければ、 | 36 |
| いっていただきたいと | 35 |
| せていただきたい、 | 35 |
| 教えていただければ幸い | 35 |
| していただいた。 | 33 |
| していただいてい | 33 |

续表

| 「いただく」搭配 | 统计 |
|---|---|
| 考え て いただき たい と | 33 |
| おい て いただき たい と | 32 |
| し て いただい た 方 | 32 |
| せ て いただい て おる | 32 |
| せ て いただく と いう | 32 |
| せ を いただき たい と | 32 |
| せ て いただい た と | 31 |
| 教え て 頂き たい の | 31 |
| し て いただけれ ば と | 30 |
| せ て いただい た の | 30 |
| 説明 を いただき たい と | 30 |
| 总计 | 35439 |

## (6—2)「ていただく」

| 「ていただく」搭配 | 统计 |
|---|---|
| さ せ て いただき ます 。 | 706 |
| さ せ て いただき まし た | 596 |
| さ せ て いただき たい と | 438 |
| を し て いただき たい と | 141 |
| さ せ て いただい て おり | 108 |
| さ せ て いただい て いる | 94 |
| に し て いただき たい と | 86 |
| 終わら せ て いただき ます 。 | 84 |
| さ せ て いただき ます 」 | 74 |
| さ せ て いただい て 、 | 65 |
| さ せ て いただい た わけ | 55 |
| に し て いただき たい 。 | 53 |

续表

| 「ていただく」搭配 | 统计 |
|---|---|
| を し て いただく と いう | 52 |
| させ て いただい た 。 | 49 |
| を 教え て いただけ ませ ん | 49 |
| させ て いただき まし て | 45 |
| させ て いただき ます が | 44 |
| させ て いただき ます の | 44 |
| させ て いただき ます と | 43 |
| させ て いただい て い | 42 |
| を し て いただい て 、 | 42 |
| させ て いただく こと に | 41 |
| を し て いただき たい 。 | 41 |
| を し て いただき たい 、 | 40 |
| させ て いただき たい の | 39 |
| 差し控え させ て いただき たい と | 35 |
| クリック し て いただけれ ば 幸い | 32 |
| て おい て いただき たい と | 32 |
| 聞かせ て いただき たい と | 32 |
| て いっ て いただき たい と | 31 |
| 読ませ て いただき まし た | 30 |
| 总计 | 20357 |

## (6—3)「でいただく」

| 「でいただく」搭配 | 统计 |
|---|---|
| 読ん | 163 |
| 取り組ん | 83 |
| 楽しん | 82 |
| 喜ん | 70 |

续表

| 「でいただく」搭配 | 统计 |
|---|---|
| 選ん | 39 |
| 呼ん | 23 |
| 飲ん | 21 |
| 学ん | 20 |
| 遊ん | 14 |
| 運ん | 12 |
| 臨ん | 10 |
| 总计 | 715 |